Schloß Chambord

Land und Leute

Romantische Schlösser, Kirchen und Klöster, prachtvolle Herrensitze inmitten ausgedehnter Wälder, aber auch mit Wacholder bestandene Heideflächen, naturbelassene Teiche und Seen machen den Reiz des Val de Loire aus. Und dennoch – keine Aufzählung aller Sehenswürdigkeiten könnte je dem Charme dieser einzigartigen Kulturlandschaft gerecht werden.

Namhafte Künstler wurden an der Loire oder deren Nebenflüssen geboren oder haben dort gewirkt. Philosophen waren von der Lieblichkeit der Landschaft angetan, Schriftsteller fühlten sich inspiriert. Zu ihnen gehören z. B. François Rabelais, der in Chinon „Gargantua" schrieb, und Joachim du Bellay, Wortführer einer Renaissance-Dichtergruppe.

Gebaut wurden die meisten Schlösser während der Renaissance. Stand bei den französischen Königen und Heerführern mehr oder weniger territoriale Habgier im Vordergrund ihrer kriegerischen Auseinandersetzungen mit Italien, so ließen sich die friedlichen Künstler dieses Landes von der römischen Kunst beeinflussen. Zurückgekehrt, ahmten Architekten, Bildhauer und Maler den italienischen Stil nach. Obwohl in vergrößerten Dimensionen schöner und prunkvoller, gelang es ihnen, ihre steingewordenen Träume harmonisch in den „Garten Frankreichs" einzugliedern. Sie haben das Kunststück vollbracht, daß Natur und Architektur eine Einheit bilden.

Der Fluß

Mit 1012 km ist die Loire der längste Fluß Frankreichs. Sie entspringt im südlichen Massif Central am Mont Gerbier-de-Jonc und mündet westlich von Nantes, bei Saint-Nazaire in den Atlantischen Ozean. Rund 500 km nach der Quelle erreicht die Loire das Pariser Becken, etwa im nördlichen Teil des Nivernais, an dessen nördlichstem Punkt die Stadt Orléans liegt. Von dort aus wird die Loire zu einem breiten Strom, der einer der geschichtlich und kunsthistorisch sowie heute touristisch bedeutendsten Gegenden Frankreichs, dem Val de Loire (Tal der Loire), den Namen gegeben hat.

Wirtschaftlich gesehen spielt die Loire keine Rolle, denn aufgrund der vielen Sandbänke ist der Fluß für die Schiffahrt ungeeignet. Bis etwa zur Mitte des 19. Jhs. transportierten kleine Boote Passagiere und Güter auf dem Fluß. Doch mit dem Bau der Eisenbahn wurde dies nach und nach eingestellt. Heute hat die Loire ihre

Bedeutung als Wasserstraße nahezu völlig eingebüßt. Lediglich das Teilstück von Saumur bis zur Mündung des Flusses in den Atlantischen Ozean ist mit kleineren Schiffen zu befahren – eine Möglichkeit, von der noch nicht viel Gebrauch gemacht wird.

Das Val de Loire gehört zu den wenigen intakten europäischen Flußlandschaften, deren natürliche Schönheit noch nicht zerstört wurde.

Die Sandbänke und Inseln bieten zahlreichen Wild- und Vogelarten einen günstigen Lebensraum (z. B. Reiher und Störche).

Der natürlich belassene Flußlauf und die geringe Umweltbelastung gewährleisten ein Biotop für Hechte, Karpfen, Aale, Lachse, Forellen, Zander und Brassen sowie eine üppige Flora.

Auguste Rodin, der wohl bedeutendste französische Bildhauer, bezeichnete die Loire als die „Pulsader Frankreichs" und als den „Strom des Lichtes, des süßen glücklichen Lebens".

Landschaften

Seit den Zeiten der Gallier und der Römer hatte das Val de Loire stets eine „Grenzfunktion". Der Fluß bildet in seinem Mittel- und Unterlauf eine natürliche Grenze zwischen Nord- und Südfrankreich. Edelleute des Mittelalters dehnten ihre Territorien aus und schützten die eroberten Gebiete durch feste Burgen. Die Grafen von Anjou – später stellte dieses Geschlecht auch die Könige von England – waren die mächtigsten unter ihnen. Die Könige von Frankreich, die sich im Verlauf des Hundertjährigen Krieges oft ins Val de Loire zurückgezogen hatten, gestalteten die Burgen mehr und mehr zu wohnlichen Renaissanceschlössern um. Der Hofadel ließ sich ebenfalls dort nieder und baute zahlreiche Schlösser. So entstand langsam diese in der Welt einmalige „Schloßlandschaft".

Dieser Reiseführer folgt dem Lauf des Flusses ab Nevers bis zu seiner Mündung in den Atlantik, schließt aber viele kunsthistorisch und landschaftlich lohnenswerte Abstecher in die weitere Umgebung ein.

Zum Val de Loire gehören im weitesten Sinn die historischen Landschaften Nivernais (Nevers), Sancerrois (Sancerre), Orléanais (Orléans), die Sologne im Loire-Bogen südlich von Orléans, das Berry (Bourges), das Blésois (Blois), die Touraine (Tours), das Anjou (Angers) und das Pays Nantais (Nantes). Drei dieser historischen Provinzen werden im Mittelpunkt jeder Rundreise stehen (s. auch unter der Überschrift „Verwaltung" in diesem Kapitel).

Im *Orléanais* hat sich die Loire schon ein breites Bett geschaffen. Hier prägen Wiesen, Gemüsekulturen, Obstgärten, Baumschulen und Weinberge das Bild. Orléans ist berühmt für seine Blumenzucht. Im Süden schließt sich das flache Heideland der Sologne an, in deren Wäldern einst die französischen Könige jagten; noch heute ein Paradies für Jäger und Angler! Nach Norden erstreckt sich die Beauce mit ihren fruchtbaren Böden, die Kornkammer Frankreichs.

Die *Touraine,* wo einst die Könige mit Vorliebe wohnten, gilt als die französischste aller Provinzen. Die heitere Landschaft, das milde Klima, der ruhige Lauf des Flusses, die vielleicht anmutigsten, sicher berühmtesten Schlösser des Tals – all dies ergibt ein Gesamtbild, das man mit ‚savoir vivre', der Kunst zu leben, verbindet. Hier wachsen auf den Kreideböden der Hügel Weine von weltweitem Renommé: der Vouvray und der Montlouis. In den weichen Stein haben die Bewohner Felsenkeller gehauen, wo die Weine in Ruhe lagern und reifen. Charakteristisch sind aber auch die Felsenwohnungen, Behausungen, ohne großen Aufwand geschaffen, aber von idealen klimatischen Bedingungen: im Sommer nicht zu heiß, im Winter angenehm warm.

Im *Anjou* verbreitert sich das Tal nochmals – zahlreiche Nebenflüsse (Loir, Sarthe, Mayenne) ergießen sich hier in die Loire. Die Vegetation ist fast mediterran: Palmen und Feigen gedeihen in den Gärten, auf dem warmen Kiesboden des rechten Ufers wachsen edle Weine. Zentrum des Weinbaus ist Bourgueil. Weite Gemüse- und Blumenfelder säumen die Ufer der Loire. In der Gegend um Saumur werden Champignons gezüchtet.

Bevölkerung

Ein großer Teil der Bevölkerung lebt von der Landwirtschaft. Die Menschen sind traditionsbewußt, was sich in altem Handwerk und in dem jahrhundertealten Weinbau widerspiegelt. Das milde Klima, die Klarheit und Harmonie der Landschaft prägen auch die Lebenseinstellung der Bevölkerung.

Niemand hat die Menschen der Loire besser beschrieben als Rabelais (1494–1553), der in der Nähe von Chinon geboren wurde. Obwohl seine Romangestalten, die

Lirai

POLYGLOTT-REISEFÜHRER

Tal der Loire

Mit 21 Illustrationen
sowie 20 Karten und Plänen

ALLGEMEINES

STADTBESCHREIBUNGEN

RUNDFAHRTEN

POLYGLOTT-VERLAG
MÜNCHEN

Herausgegeben von der Polyglott-Redaktion
Verfasser: Ulla Vögele unter Verwendung einer Vorlage von Wilhelm Voss-Gerling
Illustrationen: Vera Solymosi-Thurzo
Karten und Pläne: Eugen Eduard Hüsler
Umschlaggestaltung: Christa Manner, München
Fotograf: Bernd Ducke, Superbild

*

Wir danken dem Französischen Fremdenverkehrsamt
in Frankfurt für die wertvolle Mitarbeit.

Ergänzende Anregungen, für die wir jederzeit dankbar sind, bitten wir zu richten an:
Polyglott-Verlag, Redaktion, Postfach 40 11 20, 8000 München 40.

Alle Angaben (ohne Gewähr) nach dem Stand Februar 1991

*

Zeichenerklärung:
Information
Eisenbahnverbindungen
Erstklassige Hotels Gute Hotels
Einfache Hotels und Pensionen
Jugendherbergen Campingplätze

Die im Text bei Sehenswürdigkeiten in eckige Klammern gesetzten Ziffern decken sich mit den auf den jeweiligen Stadtplänen eingezeichneten.

Farbige Ziffern am Seitenrand weisen auf die Routennummern hin.

*

Einige Hinweise zur Aussprache des Französischen:

ai, ais und *ei* wie ä in lästig (Pal*ais*, Madel*ei*ne)
au wie o in Tor (B*au*me)
e am Wortende meist stumm (Port*e*)
eu wie ö in Lösung (J*eu*)
oi und *ois* wie oa in Qualle (B*oi*s)
ou wie u in nur (L*ou*vre)
u wie ü in amüsieren (Cl*u*ny)
amps, an, en durch die Nase gesprochenes a (Ch*amps*, V*en*dôme)
ain, aint durch die Nase gesprochenes ä (S*aint*-Germ*ain*)
on, ont durch die Nase gesprochenes o (M*ont*martre, Panthé*on*)
c vor a, o, u wie k (*C*our), vor e, i, y wie s (*C*imetière)
ç wie s (Fran*ç*ais)
ch wie sch in Schule (*Ch*apelle)
g vor a, o, u wie g in Graben (Vert-*G*alant), vor e, i, y wie g in Genie (Concier*g*erie)
ge vor a, o, u wie g in Genie (Oran*ge*ade)
gu vor e, i, y wie g in Garten (*Gu*ide)
gn wie nj (Co*gn*ac)
h ist stumm
ll manchmal wie j in jeder (Chanti*ll*y)
aill wie aj (Ch*aill*ot)

*

16. Auflage · 1991/92

Printed in Germany / Druckhaus Langenscheidt, Berlin / Bu,w.V. Eb.
ISBN 3-493-60765-2

Riesen Gargantua und Pantagruel, alles ins Gigantische übertreiben, leben noch heute hier ihre lebensfrohen, genußfreudigen, humanen Nachfahren. Bonhomie – kein anderes Wort kennzeichnet treffender die heitere Gelassenheit der Bewohner des Loiretals.

„Niemals hat ein Dichter kraftvoller und trunkener das Leben gepriesen und geliebt als dieser schlimme Rabelais" (Hermann Hesse) – leben wir es in seiner Heimat nach!

Verwaltung

Unter dem ‚Ancien Régime' war Frankreich in 34 Provinzen eingeteilt. Die Französische Revolution brachte 1789 eine Aufteilung in Departements. Nach mehrmaligen Reformen wurden zuletzt 1972 die 95 Departements in 22 Regionen zusammengefaßt. So liegt die historische Landschaft des Orléanais heute im Département Loiret, Cher, Loir-et-Cher, die Touraine im Département Indre-et-Loire und Maine-et-Loire und das Anjou im Département Loire-Atlantique. 1964 wurde Nantes Hauptstadt der Region Pays de la Loire und damit von der Bretagne, zu der sie historisch gehört, abgetrennt, was zu vielfachen Protesten führte.

Wirtschaft

In weiten Teilen des Val de Loire bestimmt die Landwirtschaft das Bild. An den Ufern des Stroms gedeihen Gemüse, Obst, Blumen und Wein. In unterirdischen Kalktuffhöhlen werden Champignons und Chicorée angebaut.

Als das Industriegebiet schlechthin gilt der Ballungsraum von Nantes, der sich bis nach Saint-Nazaire erstreckt. Die Stadt besitzt den viertgrößten Hafen des Landes (Öleinfuhr, Raffinerien, Werften). Die große Metropole Westfrankreichs ist Drehscheibe zwischen Bretagne, Anjou und der südlichen Atlantikküste. Seit 1989 verbindet der Hochgeschwindigkeitszug TGV-Atlantique Paris mit Nantes (2 Std.). Der längste Strom Frankreichs ist zugleich auch der „atomreichste" Fluß der Welt, und die vier Atomkraftwerke an seinen Ufern, die große Teile des Landes mit Energie versorgen, passen in der Tat nicht in das Landschaftsbild. Pläne, einen der letzten ungezähmten Ströme Westeuropas in ein Korsett zu zwängen, wurden aufgrund heftiger Proteste von Umweltschutzorganisationen aufgegeben. Geplant war der Bau von vier weiteren Staudämmen, die den manchmal ungestümen Lauf des Flusses bändigen und seine Wassermassen nutzbar machen sollten.

Klima und Reisezeit

Das Klima an der Loire ist mild und nahezu ausgeglichen.

Entscheidenden Einfluß auf das Klima haben die ozeanischen Luftströmungen, die nahezu ungehindert in die Täler der Loire und ihrer Nebenflüsse eindringen können.

Von unvergleichlicher Schönheit ist das Loire-Tal im Frühjahr, wo dank des milden atlantischen Klimas bereits ab Ende März die Wiesen- und Baumblüte beginnt. Der Sommer kann heiß sein, und im Juli und August – der Hauptreisezeit der Franzosen – überschwemmen Massen von Besuchern die Sehenswürdigkeiten. Die stimmungsvollste Reisezeit ist der Herbst: Das Klima ist noch mild – oft bis Ende Oktober –, der Himmel von erstaunlicher Klarheit, die Morgennebel lassen das Flußtal in einem mystischen Licht erscheinen.

Klimatabelle Temperaturwerte (°C)

Orléans	Jan.	Feb.	März	April	Mai	Juni	Juli	Aug.	Sept.	Okt.	Nov.	Dez.
Luft max.	5,8	7,2	12,0	15,3	18,8	22,3	24,3	23,9	20,9	15,9	9,8	6,3
min.	–0,1	0,2	2,2	4,5	7,9	11,0	12,8	12,8	10,6	6,7	3,4	1,0
Sonnenstd. pro Tag	2,0	3,0	5,0	6,7	7,7	6,7	7,5	7,0	6,0	4,1	2,1	1,5
Niederschl. pro Monat (mm)	51	44	39	44	53	48	49	59	49	56	53	55
Nantes												
Luft max.	8,2	9,3	13,2	15,9	19,2	22,6	24,2	24,5	21,7	17,0	11,8	8,6
min.	1,7	1,8	4,1	6,0	8,7	11,7	13,5	13,3	11,6	8,0	4,8	2,4
Sonnenstd. pro Tag	2,5	3,7	4,9	6,8	7,5	7,5	7,0	7,8	5,8	4,4	2,6	1,7
Niederschl. pro Monat (mm)	81	66	57	45	58	44	48	63	73	75	83	89

Geschichte und Kultur

Vorgeschichtliche Zeit

Schon in der Altsteinzeit (etwa 10000 Jahre v. Chr.) war das Pays de la Loire besiedelt. In Le Grand-Pressigny wurden Feuersteinklingen gefunden, die dies beweisen. Zeugen jungsteinzeitlicher Besiedlung (etwa ab 4000 v. Chr.) sind Megalithanlagen wie Menhire und Dolmen, die auch in der Bretagne vorhanden sind.

8.–6. Jh. v. Chr. Die Kelten wandern nach Westgallien ein. Sie kennen bereits die Kunst der Eisenbearbeitung.

Die aus mächtigen Steinblöcken (Megalithen) bestehenden Anlagen gelten als Gräber oder Grabmäler. Sie kommen als einzelne aufrecht stehende Steine (Menhire) oder als Steingruppen in der Form der Dolmen vor. Ein Dolmen besteht aus einigen hochgestellten Steinen, über die eine Deckplatte gelegt ist. Vielfach sind mehrere Dolmen aneinandergereiht und bilden dann einen langen Gang, dessen aufrecht stehende Steine oft so angeordnet sind, daß Kammern entstehen. Eines der eindrucksvollsten Baudenkmäler dieser Art ist der Dolmen de Bagneux. Im Gegensatz zu den Menhiren der Bretagne zeigen die im Val de Loire keinerlei Spuren einer Bearbeitung.

Antike

58–51 v. Chr. Julius Cäsar unterwirft Gallien. Als gallische (keltische) Stämme werden genannt: Carnuten (um Orléans), Bituriger (um Bourges), Turonen (um Tours), Andegaver (um Anjou), die Cenomanen (um Le Mans) und die Namneter (um Nantes).

Bedeutende Baudenkmäler aus gallo-römischer Zeit sind der Aquädukt bei Luynes und ein Bauwerk bei Thésée-la-Romaine, dessen Bedeutung unbekannt ist.

Das Archäologische Museum in Angers vermittelt einen guten Einblick in die gallo-römische Kunst (das wertvollste Stück ist ein Mosaik aus dem 2. Jh. n. Chr.), auch das Historische Museum in Orléans besitzt wichtige Funde gallo-römischer Bronzearbeiten.

Frühchristentum

250 n. Chr. Der Bischof von Tours, Gatien, beginnt mit der Christianisierung. Er wird später heiliggesprochen.

371–397 Sein Nachfolger, Martin, vollendet das Werk. Er ist zuerst Soldat und wird durch seine Barmherzigkeit bekannt: Er teilt mit einem Armen seinen Mantel. Sein Andenken ist bis heute in Frankreich lebendig (Martinstag am 11. 11.)

475 Die Länder südlich der Loire werden von Eurich, dem König der Westgoten, erobert.

481–511 Chlodwig I., König der Franken, erobert das Westgotenreich des römischen Machthabers Syagrius nördlich der Loire.

732 Der karolingische Hausmeier Karl Martell schlägt die Araber in der Schlacht bei Tours und Poitiers.

800 Charlemagne (Karl der Große) hält in Tours einen Lehnstag ab, seine Gemahlin Luitgarde wird in Saint-Martin in Tours beigesetzt.

813 Das 3. Nationalkonzil von Tours ordnet die Übersetzung der Heiligen Schrift in die Romana rustica (aus der sich die französische Sprache entwickelte) an.

821 Kaiser Ludwig der Fromme (Sohn von Charlemagne) läßt die Loire eindeichen.

9.–10. Jh. Die Normannen erobern das Gebiet, richten schwere Verwüstungen an und plündern den Schatz des hl. Martin.

987 Hugues Capet (Stammvater der Capetinger – sie regieren in Frankreich bis 1328–) wird König von Frankreich. Zu seinem Krongut gehört Orléans.

Die Baudenkmäler der frühchristlichen Epoche (5.–10. Jh.) sind vor allem von den Normannen teils zerstört, teils so schwer beschädigt worden, daß ihre Reste unter den Bauelementen aus späterer Zeit kaum noch zu erkennen sind. Es läßt sich jedoch feststellen, daß die Technik des Mauerbaus in karolingischer Zeit derjenigen der Römerzeit entsprach.

Die Grundrisse der frühchristlichen Gotteshäuser stimmen weitgehend mit denen der römischen Basiliken überein, aber es gibt auch solche, die eine eigenwillige Baukunst erkennen lassen. So wurde die Kirche von Germigny-des-Prés über einem quadratischen Grundriß errichtet, dessen Gestaltung in Frankreich äußerst selten ist. Auch in der Bauornamentik geht die frühchristliche Kunst des Val de Loire zum Teil „eigene Wege“. An der ehemaligen Kirche von Cravant-les-Côteaux sind aus kleinen Steinreihen zusammengesetzte Dreiecksmuster zur Belebung der Wände angebracht, eine Schmuckform, die teils auf in ihrer Funktion nicht mehr verstandene, römische Bauteile (z. B. flachdreieckige Giebel) zurückgeht, teils aber wohl auch Ausdruck eines anders gearteten, primitiven Kunstempfindens ist. Für eine gewisse Vereinfachung der Kunst sprechen auch die beiden rechteckigen Pfeiler in der schon erwähnten Kirche von Cravant-les-Côteaux. Sie sind zu aufrecht stehenden Blöcken geworden, Menhiren vergleichbar; auch die Basen und Kapitelle sind zu Blöcken umgewandelt. Flechtmuster schmücken die Breitseiten der Pfeiler.

Sind die Bau- und Kunstdenkmäler der frühchristlichen Epoche somit weitgehend ein Beweis für die gegenüber der römischen Kunst eingetretene Entfremdung und wohl auch für das Suchen nach neuen Wegen, so gibt es doch auch einige großartige Werke (Germigny-des-Prés), die sich mit den bedeutenden Kunstdenkmälern der abendländischen Welt messen können.

Romanik

10.–13. Jh. Die Grafen von Anjou vereinigen fast alle Gebiete an der Loire, bringen außerdem die Normandie und Aquitanien in ihre Hand. Graf Henri d'Anjou-Plantagenet, der Erbe dieses angevinischen Reichs, wird 1154 auch König von England. Fast ebenso mächtig sind die Grafen von Blois; beide Familien liefern sich erbitterte Kämpfe.

1259 Heinrich III. von England verzichtet gegenüber Louis IX von Frankreich auf alle Gebiete an der Loire. Louis erhebt die Grafschaften Anjou und Touraine zu Herzogtümern und gibt sie Angehörigen seines Hauses.

In romanischer Zeit stehen die Handwerker dieser Gegend ganz unter dem Einfluß benachbarter selbständiger Kunstschulen, die Sonderformen der Romanik entwickeln. Diese Schulen sind aus Frühformen der Romanik Burgunds, das die Wiege des neuen Baustils war, entstanden, gehen aber dann ihre eigenen Wege.

Im Orléanais ist der Einfluß Burgunds spürbar. Die Abteikirche von Saint-Benoît-sur-Loire zeigt die monumentale Großartigkeit des Gesamtbaus und den großen Reichtum an Einzelformen, der die zerstörte Klosterkirche von Cluny (Polyglott „Burgund“) ausgezeichnet hat, und ist insofern eines der eindrucksvollsten romanischen Baudenkmäler des Val de Loire.

Im Norden des Val de Loire herrscht der Einfluß der normannischen Schule vor (z.B. Notre-Dame-du-Pré in Le Mans). Die normannische Romanik unterscheidet sich von der burgundischen durch die beginnende (und zur Gotik hinüberleitende) Auflösung der schweren ruhenden Massen und der mächtigen Wandflächen.

Stärker als der Einfluß der normannischen Schule ist besonders in der Touraine und im Anjou der Einfluß des Poitou (um Poitiers).

Die Schule des Poitou und der Saintonge (Saintes) hat als Sonderform die Hallenkirche geschaffen, eine romanische Basilika, in der Mittelschiff und Seitenschiff gleich hoch sind, so daß das Mittelschiff im Gegensatz zu den meisten anderen romanischen Kirchen kein Triforium (Laufgang unter der Fensterzone) und keine Fensterzone besitzt. Der für die romanischen Kirchen charakteristische Chorumgang mit Kapellenkranz ist hingegen meist vorhanden. Zur Gruppe der poitevinischen Kirchen im Val de Loire gehören vor allem die Kirche von Cunault und der Chor der Kirche Saint-Eusice in Selles-sur-Cher. Eine weitere Schule, die ihren Einfluß in diesem Gebiet geltend gemacht hat, ist die von Périgord, die für den Südwesten Frankreichs die Akzente im romanischen Kirchenbau gesetzt hat. Sie schafft vorwiegend einschiffige Kirchen, die von einer Reihe von Kuppeln überwölbt werden und einen byzantinischen Eindruck machen. Das schönste Beispiel für diese Art romanischer Kirchen ist die ehemalige Abteikirche von Fontevraud.

Während die bildhauerische Kunst im Val de Loire keine bedeutende Rolle gespielt hat, sind unter dem Einfluß der poitevinischen Schule zahlreiche beachtliche Wandmalereien entstanden. Die bedeutendsten finden sich im Tal des Loir, nördlich von Tours: St-Jacques-des-Guérets, Montoire, Lavardin, Areines (s. Rundfahrten ab Blois) und im Tal des Cher (St-Aignan-sur-Cher, s. S. 44).

Gotik

1339–1453 Nach dem Tod des letzten Capetingers (Charles IV) gibt es zwischen England und Frankreich Erbstreitigkeiten, die den Hundertjährigen Krieg auslösen. Die Könige von Frankreich ziehen sich auf ihre Besitzungen an der Loire zurück. 1429 gibt Jeanne d'Arc durch die Eroberung von Orléans dem König und den Truppen von Frankreich neuen Mut. Sie können in der Folgezeit die Engländer bis auf wenige Gebiete im Nordosten von Frankreich zurückdrängen.

Die Wiege der Gotik stand im Raum von Paris. Wie die Romanik Burgunds überall in Frankreich Änderungen erfuhr, so erging es auch der Gotik des Pariser Raums. Zweifellos weisen Kirchen wie Saint-Aignan in Orléans, Saint-Nicolas in Blois oder Saint-Julien in Tours auf die großen Vorbilder in der Ile de France hin. Zugleich entstehen aber an der Loire Kirchen, in denen Grundelemente der romanischen Hallenkirchen des Poitou und der einschiffigen Kuppelkirchen des Périgord weiterbestehen und sich mit gotischen Formen verbinden. Die Hallenkirche wandelt sich zu einer neuen Zwischenform einer reinen Halle und einer Basilika. Das Mittelschiff ist jetzt wieder um ein geringes höher als die Seitenschiffe, so daß über den mächtigen Arkaden eine schmale Fensterreihe Platz findet. Das hervorragendste Beispiel für diese Art der gotischen Hallenkirchen ist die Kathedrale von Bourges.

Die zweite wesentliche Form der gotischen Kirchen im Val de Loire ist die Kuppelsaalkirche, die sich aus den einschiffigen Kuppelkirchen der Périgord-Schule entwickelt hat. Aus der einfachen Kuppel wird ein kuppelförmiges, überhöhtes Kreuzgewölbe.

Schließlich wird über die Kuppel- oder Gewölbefläche ein aus Stäben bestehendes Gitter- oder Sternmuster gelegt. Diese Entwicklung wird sichtbar an der Kathedrale Saint-Maurice in Angers (Kreuzgewölbe mit kräftigen Kreuzrippen).

Auf dem Gebiet der Bildhauerei und der Malerei (Glasmalerei) gibt es im Val de Loire wenige herausragende Werke. Es könnte tatsächlich zutreffen, daß die Ile de France und die Champagne alle großen Künstler gebunden haben. Lediglich die Kathedrale von Bourges besitzt gute Portalplastiken. Einige der Profanbauten (Befestigungen, Schlösser, Bürgerhäuser) aus gotischer Zeit gehören zu den schönsten Frankreichs, so die Befestigungsanlagen von Loches, Chinon und Angers, die Schlösser Blois (Flügel Louis XII), Saumur und Ussé (wenn auch die Renaissance den mittelalterlichen Baubestand verändert hat) und das Bürgerhaus Hôtel Jacques-Cœur in Bourges.

Renaissance

1515–1547 Unter François Ier gelangt die Renaissance zur vollen Entfaltung.

1558 In den Auseinandersetzungen um die französische Krone wird Herzog Henri de Guise auf Befehl von Henri III (Haus Valois) im Schloß zu Blois ermordet.

1589–1610 König Henri IV (Haus Bourbon-Navarra) beendet durch das Edikt von Nantes (1598, Katholizismus als Staatsreligion, Gewissensfreiheit und regional begrenzte Kultfreiheit für die Anhänger der reformierten Kirche) die seit etwa 1559 anhaltenden Kämpfe gegen die im Loire-Gebiet sehr stark vertretenen Hugenotten.

Die Epoche der Renaissance ist in erster Linie eine Zeit des Wohnschlosses, das sich von der wehrhaften Burg zum offenen, großzügig gestalteten Herrensitz wandelt. An die Stelle der geschlossenen und turmbewehrten Vierflügelanlage tritt nun eine nach vorne und nach hinten zur Terrasse und zum Park geöffnete Dreiflügelanlage. Eine neue Adelsgeneration, gelegentlich auch zu Wohlstand und Ansehen gelangte Bürger, allen voran jedoch die jeweiligen französischen Könige, schaffen sich, den Schrecken des Hundertjährigen Krieges entrückt, besonders in den Tälern der Loire, der Indre und des Cher den neuen, sorgloseren und heiteren Lebensumständen angemessene Wohnstätten. Jetzt entsteht die Kunstlandschaft, an die man denkt, wenn vom Tal der Loire die Rede ist.

Wesentlich für die Entwicklung der Renaissancebaukunst im Tal der Loire ist, daß das neue „Lebensgefühl" schon herrschte, bevor der neue Kunststil im Lande seinen Einzug hielt, und daß die Schloßbauten bzw. -umbauten bereits seit der zweiten Hälfte des 15. Jhs. etwas von dem Geist spüren lassen, der später als Geist der Renaissance angesehen wurde. Die Bauten vom Ende des 15. und Anfang des 16. Jhs. werden daher, um den Abstand zur Gotik deutlich zu machen, gern als Bauten des Übergangs bezeichnet, als Bauten einer teilweise bereits vorweggenommenen Renaissance.

König François Ier (1515–1547) brachte von seinen Italienfeldzügen Renaissancekünstler mit nach Frankreich, die Stil und Ausstattung der Schlösser bestimmten, zumal der König dem italienischen Kunststil gegenüber sehr aufgeschlossen war.

Unter ihm wurde der französische Königshof zum galanten Vorbild für alle anderen europäischen Höfe. Gelehrte, Dichter und Künstler fanden jetzt Zugang und Förderung. Der Berühmteste unter ihnen war Leonardo da Vinci, der der Einladung des Königs folgte und die letzten vier Jahre seines Lebens auf dem Herrensitz Clos Lucé, nahe dem königlichen Schloß von Amboise, verbrachte. François Ier nahm lebhaft Anteil an den Forschungen und Konstruktionen des Künstlers, die er großzügig finanzierte. Hier entwarf Leonardo ein futuristisch anmutendes Schloß für seinen Gastgeber und entwickelte 40 phantastische Maschinen, die ihrer Zeit vier Jahrhunderte voraus waren.

François Ier war der Meinung, daß ein Hof ohne Frauen wie ein Garten ohne schöne Blumen sei und erhob sie infolgedessen in den Mittelpunkt der Gesellschaft. Aus den Frauen wurden so Damen, die man umwarb und beschenkte. Zwei von ihnen standen im Mittelpunkt des Lebens seines Sohnes und Nachfolgers Henri II (1547–1559): Cathérine de Médici und Diane de Poitiers. Cathérine, ungeliebt und nur wegen ihres Geldes die Gemahlin des Königs, und Diane, die liebreizende, niemals alternde Geliebte, waren zeit ihres Lebens erbitterte Rivalinnen. An diese Feindschaft der beiden Frauen erinnern die Schlösser Chenonceaux und Chaumont.

Der Kirchenbau trat gegenüber dem Schloß völlig zurück. Die aus dieser Zeit stammenden Kirchen wurden außerdem nicht im Stil der Renaissance, sondern der Spätgotik (Flamboyantstil) erbaut. Nur einige Schloßkapellen sind Werke der Renaissance. Die bedeutendsten sind die Kapellen von Champigny-sur-Veude und die Chapelle St-Sauveur des Schlosses de la Bourgonnière.

Französische Klassik

1685 Das Edikt von Nantes wird durch Louis XIV aufgehoben, die Hugenotten wandern aus (vor allem nach Schwaben, Preußen und in die USA). Die Herstellung von reiner Seide in der Touraine – einem Industriezweig, der vor allem in den Händen der Hugenotten lag – muß aufgegeben werden.

1790 Die Französische Revolution schafft Herzogtümer und Grafschaften in ganz Frankreich ab und unterteilt das Land in Departements.

1793 Die Bauern der Vendée und des westlichen Val de Loire erheben sich nach der Hinrichtung des Königs Louis XVI gegen die Revolution. Doch der Aufstand wird niedergeschlagen. Die Franzosen nennen diese Zeitspanne kunstgeschichtlich die klassische Epoche. Sie entspricht mehr oder weniger den Entwicklungsstufen des Barock. Die bedeutendsten Bauten aus dem 17. Jh. sind die Schlösser Cheverny und der Südwestflügel von Gaston d'Orléans am Schloß Blois. Aus dem 18. Jh. stammen das Schloß von Ménars und die Pagode von Chanteloup.

Im 18. Jh. wird auch den öffentlichen Bauten größere Aufmerksamkeit geschenkt. An der Loire steht der Brückenbau im Vordergrund. Eine der schönsten Brücken aus dieser Zeit ist die große, leicht gewölbte Loire-Brücke (1717 bis 1724) in Blois.

Neuzeit

1830 Louis Philippe, Herzog von Orléans, wird König von Frankreich.

1870 Von Tours aus führt Rechtsanwalt Léon Gambetta den Widerstand gegen die Deutschen im Krieg 1870–1871. Gambetta wird 1881–1882 Ministerpräsident Frankreichs.

1940–1944 Deutsche Truppen besetzen das Gebiet an der Loire.

1944 Nach dem Rückzug der deutschen Einheiten wird General Charles de Gaulle, Symbolfigur des Widerstands (Résistance), neuer Regierungschef.

1946 Neue Verfassung. General de Gaulle tritt zurück.

1954–1960 Ende des Kolonialreichs (Indochina, Tunesien, Marokko, Guinea, Französisch-West- und Äquatorialafrika), „Union Française".

1958 Staatspräsident René Coty ernennt de Gaulle zum Ministerpräsidenten, durch Volksentscheid tritt eine neue Verfassung in Kraft (Präsidialdemokratie). – Fünfte Republik.

1963 Unterzeichnung des deutsch-französischen Freundschaftsvertrages.

1969 Rücktritt de Gaulles; Georges Pompidou wird sein Nachfolger.

1974 Giscard d'Estaing wird Staatspräsident.

1981 Dem Sozialisten François Mitterrand gelingt es, die Wahlen für das Amt des Staatspräsidenten zu gewinnen.

1986 Die rechten Oppositionsparteien gewinnen die Parlamentswahlen, Ministerpräsident wird Chirac. Die unter der sozialistischen Regierung vorgenommenen Verstaatlichungen werden rückgängig gemacht.

1988 Mitterrand wird für weitere sieben Jahre in seinem Amt bestätigt. Er ernennt Michel Rocard zum Ministerpräsidenten.

Tips für die Ferien an der Loire

„Ein Tal der Liebe" nannte Balzac das Tal der Loire. Der Reiz dieser Landschaft liegt vor allem in der gelungenen Synthese von Naturschönheit und Baukunst. So ist eine Reise in den „großen, reichen Garten Frankreichs" der ideale Urlaub für diejenigen, die eine Kombination aus Besichtigungsprogramm und Erholung suchen. Entlang der Loire und ihren Nebenflüssen stehen mehr als 300 Burgen und Schlösser, von denen etwa 100 von kunsthistorischem Interesse sind.

Die folgende Aufstellung soll dem Reisenden als Entscheidungshilfe bei der Urlaubsplanung dienen. Die angegebenen Orte findet man anhand des Registers.

Bootsfahrten

Die erholsamste Art von Urlaub verspricht eine Fahrt auf einem Hausboot auf den Kanälen Frankreichs. Auch wer noch nie ein Boot betreten hat, sollte nicht davor zurückschrecken, diese Art des Urlaubs in Erwägung zu ziehen. Die Schiffe können ohne Bootsführerschein gechartert werden, vor Antritt der Reise erhält man eine gründliche Einweisung. Anlegen kann man überall dort, wo es einem gefällt (Ausnahme: direkt an Brücken oder Schleusen). Die Schiffe sind sehr einfach zu handhaben und mit dem Nötigsten ausgestattet. Bettwäsche und Handtücher müssen mitgebracht werden.

Noch ein Hinweis: Die Bootsverleiher vermieten zusätzlich auch Fahrräder.

Zu den Höhepunkten einer Bootstour gehört die Schleusendurchfahrt. Wie eine Schleuse funktioniert und was man als Bootsführer beachten muß, erfährt man in der eingangs erwähnten Einweisung, einschließlich einer Probefahrt mit dem Einweiser. Die Schleusenwärter helfen jederzeit bei diesem Manöver. Sie sind von ausnehmender Freundlichkeit und dankbar, wenn man ihnen beim Schließen oder Öffnen der Schleusentüren behilflich ist. Sie erwarten allerdings ein Trinkgeld.

Häufig erhält man bei den Schleusenwärtern einige Grundnahrungsmittel. Die ‚éclusiers' arbeiten täglich, auch an Festtagen und sonntags; Mittagspause ist von 12.00–12.30 Uhr. Da in der Hochsaison viel Verkehr auf den Kanälen herrscht, meldet der Schleusenwärter die Boote bei der nächsten Schleuse an. Um den reibungslosen Ablauf zu gewährleisten, sollte unbedingt ein Halt zwischen zwei Schleusen dem Schleusenwärter mitgeteilt werden. Lastschiffe haben auf allen Kanälen und bei den Schleusen immer Vorfahrt.

Zu den schönsten Strecken im Loire-Tal gehören der *Canal de Briare* und der *Canal Latéral de la Loire* (Loire-Seitenkanal). Mit dem Bau des Canal de Briare, dem ältesten Kanal Frankreichs, wurde 1604 auf Befehl Sullys begonnen. Er führt über Rogny mit den zu Beginn des 17. Jhs. erbauten, heute ungenutzten, jedoch gut erhaltenen Schleusentreppen und überquert dann bei Briare auf der von Gustave Eiffel errichteten, außergewöhnlichen Kanal-Brücke die Loire. Er verläuft dann auf dem parallel zur Loire gezogenen Seitenkanal durch Ebenen und Wälder weiter bis nach Sancerre.

Für schon Geübte bieten sich Fahrten auf den Nebenflüssen der Loire an, wie Cher, Loir und Indre (s. le Pallet).

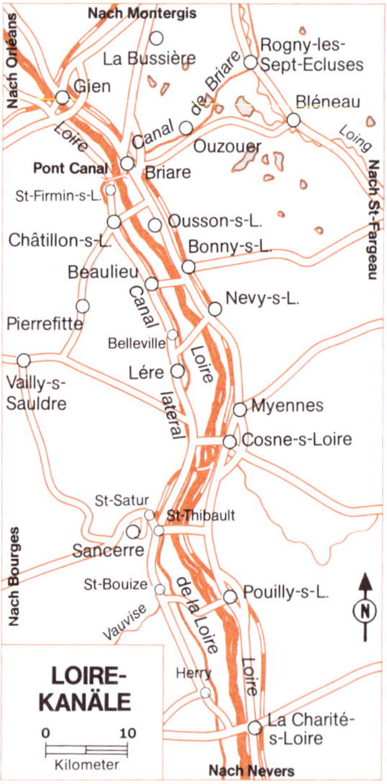

ⓘ Loisirs Accueil Loiret, 3, rue de la Bretonnerie, F-45000 Orléans.

Wer dennoch kein Boot selbst mieten und steuern will, muß nicht auf diese etwas außergewöhnliche Urlaubsart verzichten. Es besteht die Möglichkeit, Plätze in einem schwimmenden Hotel zu buchen. Bei den sog. *Péniches-Hôtels* handelt es sich um umgebaute Schleppkähne mit kompletter Mannschaft, die auch den Service an Bord übernimmt

ⓘ Pro Aqua, Port de Plaisance, Quai Saint-Martin, F-89000 Auxerre.

Ausgangspunkt für Rundfahrten über den Pont du Canal und auf den Kanälen um Briare (Dauer zwischen 2 und 7 Stunden, Restaurationsbetrieb) ist der Hafen von Briare (s. S. 39).

Feste

St-Benoît-sur-Loire:- Mitternachtsmesse am Heiligen Abend und große Osterfeier am Ostersamstag, 22 Uhr.
Châteauneuf-sur-Loire:- Rhododendronfest zu Pfingsten.
Cheverny: Jagdkonzert Sa im Juli und August.
Grange de Meslay (bei Tours): Musikfestival der Touraine Ende Juni/Anfang Juli (Wochenende) mit international bekannten Künstlern (1964 von dem Pianisten Swjatoslaw Richter ins Leben gerufen). *Orléans:* Jeanne-d'Arc-Fest mit Feuerwerk, Prozession, Fackelzug, Beleuchtung der Kathedrale und Festhochamt am 7./8. Mai.
Saumur: Dressurveranstaltungen des ‚Cadre Noir', Frankreichs Elitereiter, Ende Juli.

Karten zum ‚Carousel de Saumur' müssen lange vorher beim Office de Tourisme, 25, rue Beaurepaire, F-49400 Saumur, vorbestellt werden.

Märkte/Feste

Wer sich über die kulinarischen Spezialitäten der verschiedenen Landschaften informieren will, sollte die einheimischen Märkte und Feste besuchen. Die typische Atmosphäre, das bunte Treiben, die Düfte nehmen jeden Besucher gefangen.

Angers: tgl. Wochenmarkt; jeden Sa Flohmarkt am Boulevard Bessonneau; im Januar ‚Foire aux Vins'.
Bourges: Mo, Mi, Fr, So Wochenmarkt.
Chinon: Erstes Wochenende im August ‚Marché Médiéval' (mittelalterlicher Markt mit Tavernen und Spielen im historischen Rahmen).
La Charité: jeden Sa Wochenmarkt.
Nantes: tgl. Wochenmarkt; im Nov. ‚Foire aux Vins'.
Nevers: tgl. Wochenmarkt.
Saint-Nazaire: Di, Fr, So Wochenmarkt.
Sancerre: Sa Wochenmarkt; Ende April/Anfang Mai „Fest des Crottin und anderer Käsesorten"; Pfingsten ‚Foire aux Vins'; letzter So im Okt. „Austernfest" im ‚Cave de la Mignonne'.
Saumur: Sa Wochenmarkt; 2. Sa im Febr. ‚Foire aux Vins'.

Planwagen

Durch die Sologne im Département Loire-et-Cher kann man eine Woche oder auch nur ein Wochenende mit einem gemieteten Planwagen reisen. Der Wagen ist für vier Personen voll eingerichtet, die ausgesuchten Wegstrecken gut befahrbar. Im Preis sind enthalten: Miete für das Pferd mit Futter und Gespann, Aufenthalt an den Etappenzielen und Hilfe bei der Abfahrt (z.B. Unterweisung beim Anbzw. Ausspannen).

Die Schlösser von Cheverny, Chambord, Beauregard, Villesavin, Troussay und Fougères-sur-Bièvre können z. B. in einer Rundreise mit einem Planwagen (meist ein Wochenende) besucht werden.

ⓘ Tourisme en Loir-et-Cher, 11, place du Château, F-41 000 Blois.

Rundflüge

Von verschiedenen Flugplätzen aus besteht die Möglichkeit, einen Rundflug über die Loire-Schlösser zu unternehmen. Die Flugplätze (Orléans, Tours-Saint-Symphorien, Saumur, Angers-Avrillé) erteilen Auskunft über Flugzeiten und Flugrouten.

Schloßbesichtigungen

Fast alle Loire-Schlösser sind nur im Rahmen einer Führung in französischer Sprache gegen Eintrittsgeld zugänglich. In manchen Schlössern liegen hektographierte Kurzführungen in verschiedenen Sprachen aus. Die Führer erwarten nach dem Rundgang ein Trinkgeld. Die Schlösser Chambord und Chenonceau sind auch ohne Führung zu besichtigen.

Son et Lumière

Im Park einiger Schlösser findet abends während der Hauptreisezeit das Schauspiel „Klang und Licht" statt. Mit raffinierten Lichteffekten, gewaltigen Tonanlagen und Personen in historischen Kostümen werden Geschichten und Ereignisse nachgestaltet, die sich in früheren

Zeiten dort abspielten. Über Programm und Anfangszeiten unterrichtet man sich vor Ort, da sie von einem zum anderen Jahr wechseln. Die Adressen der Offices de Tourisme findet man unter den jeweiligen Schlössern.

Sport

Angeln und Jagen

Das Loire-Tal und die Sologne mit ihren zahlreichen Wäldern, Wiesenlandschaften und Seen sind ein wahres Paradies für Angler und Jäger. Den Angelschein (permis de pêche) erhält man beim Angelverein des jeweiligen Departements. Inhaber eines Jagdscheins können sich einer lokalen Vereinigung anschließen.

ℹ St-Hubertus-Club de France, 10, rue de Lisbonne, F-750008 Paris. Fédération de chasse, 9, Impasse Heurtelop, F-37000 Tours. Fédération de la pêche, 25, rue Charles-Gilles, F-37 000 Tours.

Fahrräder

Wer im Urlaub nicht auf sportliche Aktivitäten verzichten möchte, der sollte die Loire per Rad kennenlernen. Voraussetzung sind etwas Kondition und Ausdauer, auch sollte man einen Fahrradschlauch flicken können. Das milde Klima des Loire-Tales ohne starken Wind sorgt meistens für gutes Wetter.

Empfehlenswert ist eine Tour zu den berühmtesten Schlössern: Von Orléans über Chambord, Chaumont, Blois, Amboise, Chenonceaux, Loches, Villandry, Langeais, Azay-le-Rideau, Chinon, Saumur bis nach Angers.

Diese Strecke führt über stille und meist flache Bauernstraßen, durch Wälder, mal an der Loire, dem Cher oder der Indre entlang und ist in einer Woche bei Tagesetappen von durchschnittlich 50 km zu bewältigen. Man kann diese Tour entweder auf eigene Faust unternehmen oder pauschal in Deutschland buchen. Letzteres bietet den Vorteil, daß man sich nicht um die Hotelbuchung kümmern muß und auch betreut wird, wenn man mal schlapp macht.

ℹ Rotalis Reisen, D-8011 Baldham.

Wer jedoch unabhängig sein möchte, der kann sich in vielen Ortschaften ein Fahrrad am Bahnhof gegen Hinterlegung einer Kaution ausleihen. Man benötigt dazu nur einen Personalausweis. Zur Auswahl stehen meistens zwei Typen von Fahrrädern: Zehngang- und einfaches Rad.

Bei der Rückgabe der Räder, entweder am Ausgangsort oder an einem anderen Bahnhof, wird die Endabrechnung gemacht.

Die französische Eisenbahn (SNCF) bietet auch die Möglichkeit an, den Urlaub per Rad mit Auto und Zug zu kombinieren.

Auskünfte erteilen die örtlichen Offices de Tourisme und die Generalvertretung der Französischen Eisenbahnen, Rüsterstr. 11, D-6000 Frankfurt/Main 1.

Insgesamt gibt es im Pays de la Loire etwa 360 km gut ausgebaute Radwege, doch kann man jederzeit auf die kleinen, meist verkehrsarmen Landstraßen ausweichen.

An folgenden Bahnhöfen im Loire-Tal können Räder ausgeliehen werden: Amboise, Beaugency, Blois, Chinon, Lamotte-Beuvron, Langeais, Loches, Nevers, Orléans und Tours.

Reiten

Auskunft über die zahlreichen Orte, in denen man sich Pferde mieten kann, erteilt das Comité Départemental du Tourisme Equestre, 66, rue de Vildé, F-37100 Tours.

Wandern

Die ausgedehnten Waldgebiete, die Ufer der Kanäle im Berry und an der Souldre eignen sich besonders für erholsame Spaziergänge. Daneben durchziehen einige der großen Fernwanderwege (Sentier de grande randonnée fléchée: GR) das Tal der Loire. Sie sind gut ausgeschildert und auch für Kurztouren zu empfehlen.

ℹ Auskünfte erteilen das örtliche Syndicat d'Initiative oder die französischen Fremdenverkehrsämter (s. S. 17). Dort ist auch die Broschüre „Wandern in Frankreich" erhältlich.

Wassersport

Wegen der teilweise gefährlichen Strömungen ist die Loire nicht überall zum Baden geeignet. An manchen Stränden kann aber gesurft werden. In vielen Orten (z. B. Saumur, Angers, Nevers) kann man sich Kanus, Kajaks und Segelboote ausleihen.

In allen größeren Touristenorten gibt es außerdem ein breitgefächertes Sportangebot: Tennis, Golf, Reiten, Fallschirmspringen usw.

ℹ Auskünfte erhält man bei den jeweiligen ‚Offices de Tourisme'.

Unterkunft

Hotels

In Frankreich gibt es eine ganze Reihe von Hotelketten, von denen hier nur einige erwähnt werden können. Informationsmaterial erhält man im Heimatland über das Französische Fremdenverkehrsamt (Anschrift s. S. 17), an Ort und Stelle beim ‚Syndicat d'Initiative' bzw. ‚Office de Tourisme'.

Viele Hotels unterliegen der Kontrolle der ‚Direction du Tourisme'. Die amtliche Klassifizierung unterscheidet fünf Kategorien. Ein sechseckiges blaues Schild (mit dem weißen Buchstaben „H" in der Mitte) am Hoteleingang informiert mit den entsprechenden Sternen über den zu erwartenden Komfort. In diesem Reiseführer sind die ersten drei Kategorien unter dem Zeichen ⌂⌂⌂ zusammengefaßt.

Daneben gibt es nichtklassifizierte Hotels (erst das Zimmer zeigen lassen und den Preis erfragen), Ferienhäuser, Wohnungen – selten Privatzimmer.

Relais du Silence

Dies sind Hotels im Grünen mit persönlicher Atmosphäre und einem angeschlossenen Restaurant. Ihr Markenzeichen, das fröhlich zwitschernde Vögelchen, soll auf die ruhige Lage des Hotels am Rande von Städten aufmerksam machen.

ⓘ Relais du Silence e.V., Reservierungszentrale, Grüner Weg 2d, D-6240 Königstein.

Logis de France

Bei den Logis de France (Kennzeichen: Kamin im grünen Wappen) handelt es sich um traditionsreiche, modernisierte Hotels (1 und 2 Sterne) zu soliden Preisen.

ⓘ Fédération Nationale des Logis de France; 25, rue Jean-Mermoz, F–75008 Paris.

Schloß-Hotels

Bei den Châteaux-Hôtels handelt es sich um umgebaute Schlösser.

Vornehme – nicht billige – Schloßhotels gibt es z. B. in Montbazon, das „Château d'Artiguy", das „Château de Marcay" bei Chinon oder „Le Prieuré" in Chênutte-les-Tuffeaux bei Saumur.

Auskunft: Centre d'Information des Relais et Châteaux, 9, avenue Marceau, F-75 116 Paris.

Ferienwohnungen: Gîte de France

Wer im Urlaub Ruhe sucht und Kontakt zur Bevölkerung haben will, der ist in einem Gîte de France – Ferienhäuser bzw. -wohnungen auf dem Land oder in Weinstädten – gut aufgehoben. Kennzeichen: eine bis drei Ähren.

ⓘ Gîtes de France, Deutsche Reservierungszentrale, Sachsenhäuser Landwehrweg 108, D-6000 Frankfurt/M. 70.

France-Incoming

Ferienunterkünfte von der Villa bis zum Wohnmobil für alle Regionen werden bei France-Incoming vorbestellt.

ⓘ Die Anschrift für die jeweilige Region erhält man beim Französischen Fremdenverkehrsamt (s. S. 17).

Hotels für Behinderte

Ein Hotelführer für Behinderte informiert über Hotels und Restaurants mit entsprechenden Einrichtungen.

ⓘ A.P.F., Délégation de Paris, 22, rue du Père-Guérin, F-75013 Paris.

Jugendherbergen/Jugendhotels

Ausländer müssen einen internationalen Jugendherbergsausweis vorlegen.

ⓘ Jugendherbergs-Verzeichnisse sind bei der Fédération Unie des Auberges de Jeunesse, 6, rue Mesnil, F–75116 Paris oder beim Jugendherbergsverband im Heimatland zu erhalten.

Die Organisation *Accueil des Jeunes en France* vermittelt Jugendlichen preiswerte Übernachtungsmöglichkeiten in Hotels, Feriendörfern und Studentenheimen.

ⓘ Accueil des Jeunes en France, 12, rue des Barres, F–75 004 Paris.

Camping-Caravaning

Freies Zelten ist manchmal nach Weisung des Bürgermeisters möglich. Verzeichnisse sind beim ADAC und beim Französischen Fremdenverkehrsamt (s. S. 17) zu erhalten.

Schloß-Camping

Bei Schlössern und Herrensitzen der Vereinigung ‚Castles & Camping Caravaning' können Urlauber ihr Zelt aufschlagen oder den Wohnwagen parken.

ⓘ Auskunft beim Französischen Fremdenverkehrsamt (s. S. 17).

Essen und Trinken

Man kann es nicht leugnen: Es ist etwas Besonderes an der französischen Küche. Wer nach Frankreich fährt, denkt bestimmt auch an diesen wichtigen Punkt seiner Reise. Nicht umsonst geht der Koch, der auf sich hält, nach wie vor in dieses Land, um in die Geheimnisse der ‚grande cuisine' eingeweiht zu werden.

Um die französische Küche in ihrer ganzen Ausgewogenheit kennenzulernen, muß man nicht unbedingt die preisgekrönten Exklusivlokale aufsuchen. In den ländlichen, häufig sehr gemütlich eingerichteten Lokalen, kommt auch der anspruchsvollste Gast zu seinem Recht.

Eine ziemlich belanglose Angelegenheit ist das *petit déjeuner* (Frühstück) in diesem Land: Es besteht aus einem oder zwei ‚croissants' (Hörnchen) mit einer Tasse Kaffee oder Tee. In den meisten Hotels wird es ins Zimmer gebracht. Die Einheimischen verzehren dieses kleine Frühstück häufig in einem ‚Bistro' oder einer ‚Bar' an der nächsten Straßenecke. Das *déjeuner* (Mittagessen) wird zwischen 12 und 14 Uhr eingenommen. Ausgiebig wird auch am Abend gegessen. Das *dîner* oder auch *souper* kann bis spät in die Nacht hinein dauern.

Im „Garten Frankreichs" kann man königlich speisen. Wild, Fisch und Gemüse spielen in der Küche des Loire-Tals eine hervorragende Rolle. Jede Landschaft bietet daneben ihre eigenen Spezialitäten. Es ist sicherlich keine Übertreibung, wenn behauptet wird, daß die Küche der Loire-Landschaft, französische Küche im besten Sinn mit all ihren Vorzügen darstellt.

Wer es dem ‚savoir vivre' (der Kunst zu leben) der Franzosen gleichtun möchte, sollte sich allerdings Zeit lassen. Ein mehrgängiges Menü wird weder in weniger als zwei Stunden serviert noch honoriert.

SPEZIALITÄTEN

Hors-d'œuvre (Vorspeisen)

rillettes (feingehacktes Schweinefleisch in Schmalz gebraten und in Töpfen eingemacht) in der Touraine und in Angers
rillettes d'oie (feingehacktes Gänsefleisch)
andouillettes (kleine Würste aus Kaldaunen, Speck und Schweinefleisch)
boudin blanc (mit Kräutern gewürzte Blutwürste)
terrine de grives (Krammetsvögelpastete) vor allem aus Gien.

Weine: Sancerre – Vouvray.

Poissons (Fische)

brochet rôti (gebratener Hecht)
carpe marinière (Karpfen in Weinsauce)
saumon (Salm)
la friture de Loire (fritierte Loire-Fische).

Dazu passen die Weiß- und Roséweine von Sancerre, ein Vouvray, ein Rosé d'Anjou oder ein Saumur.

Viandes (Fleisch)

Zu einem Bourgueil- oder Chinon-Wein genießt man *gibier* (Wildgerichte) vor allem aus der Sologne (Enten, Rebhühner, Kaninchen)
coq au vin oder *au sang* (Hähnchen in Weinsauce oder kurz am Spieß gebraten)
poularde aux fines herbes (Masthühnchen mit Kräutern)
gigot de mouton (Hammelkeule).

Légumes (Gemüse)

artichauts farcis (gefüllte Artischocken)
chouée (Grünkohlherzen)
champignons farcis (gefüllte Pilze)
salade à l'huile de noix (Salat in Walnußöl).

Fromages (Käse)

chèvre (Ziegenkäse), vor allem *crottin* aus Chavignol, Käse aus Kuhmilch *(frinot,* Valençay, Ste-Maure).

Dazu passen die Cabernet-Weine aus Chinon und Bourgueil.

Fruits (Früchte)

pêches (Pfirsiche), *melons* (Melonen), *prunes* (Pflaumen) aus der Touraine, *fraises* (Erdbeeren) aus Saumur.

Dessert

croquets (Honiggebäck) aus Sully
tarte au chocolat (Schokoladenkuchen) aus Blois
tarte aux poires ou prunes (Birnen- und Pflaumenkuchen)
les macarons de Cormery (Makronen).

Ein leichter Dessertwein *(Vouvray pétillant, Vouvray mousseux* rundet das Menü ab, bevor man einen der *marcs* (Traubentrester) oder Obstlikör aus Saumur und Angers zur Verdauung folgen läßt.

Weine der Loire

So unterschiedlich wie die Landschaft sind auch die Weine der Loire, jeder hat seine speziellen Eigenarten in Duft und Geschmack entsprechend dem Klima und der Bodengestalt. Allen gemeinsam ist jedoch eine bestimmte Frische und Fruchtigkeit. Sie sind trocken und haben oft eine ausgeprägte Säure. Dies gilt nicht nur für die Weißweine, die vorwiegend angebaut werden, sondern auch für die roten Sorten.

Weißweine

Sancerre

Er gehört zu den eigenwilligsten Weißweinen Frankreichs: elegant, würzig, etwas rauchig, mit einer harmonischen Säure. Diesen individuellen Geschmack verdankt dieser Wein der Sauvignon-Rebe, die auf den überwiegend kalkhaltigen Weinbergböden dem Sancerre den unverwechselbaren erdig-würzigen Geschmack verleiht. Bukett und Geschmack erinnern ein wenig an schwarze Johannisbeeren.

Pouilly-sur-Loire

Auch er wird aus der Sauvignon-Rebe gekeltert und hat den unverwechselbaren „Rauchton". Die feinsten Pouilly-Weine werden daher als ‚Fumés' bezeichnet. Ebenso wie den Sancerre sollte man ihn stets kühl trinken.

Vouvray

Zwischen Amboise und Tours gelegen, wurden hier vor Jahrhunderten die Kalksteinfelsen in Weinkeller verwandelt.

Die Winzer dieser Gegend bewahren den Wein lange auf: einen zuerst etwas herben Tropfen, der dann durch die lange Lagerung besser wird: süß, trocken, pétillant (perlend).

Neben den Schlössern hat dieser ausgezeichnete Wein die Touraine bekanntgemacht.

Muscadet

Er kommt aus dem Gebiet von Sèvre und Maine, zwei Nebenflüssen, die die Loire kurz vor ihrer Mündung in den Atlantik erreichen. Dort entwickelte sich die Melon-Rebe in nur 30 Jahren von einem einfachen Landwein zu einer Spezialität mit feinem, dezent würzigem Duft und einer angenehmen Säure.

Die hellen, strohgelben Weine sind besonders trocken und passen vorzüglich zu den Fischgerichten der nahen Bretagne.

Cheverny

Dieser Wein ist eine Rarität: er wird aus einer Rebe gekeltert, die es nur da gibt: Romorantin. Diese Rebe liefert trockene, rassige, nicht allzu schwere Weine mit spritziger Säure.

Es handelt sich um einen guten Trinkwein, der aber im Gegensatz zu den hier vorgestellten nicht die Höchstqualität hat. Man zählt ihn eher zu den Landweinen.

Rotweine

Chinon

Dieser Rotwein wird auch „Beaujolais der Loire" genannt. In seiner frischen, fruchtigen und süffigen Art erinnert er tatsächlich etwas an den Beaujolais.

Fachleute sagen, zur Milde käme beim Chinon-Wein die besondere Frische und Fruchtigkeit. Gewonnen wird dieser charaktervolle Wein aus der Rebsorte Cabernet Franc.

Bourgueil

Besonders berühmt ist der ‚Saint-Nicolas de Bourgueil'. Er ist elegant und gehört in seiner fruchtigen Art mit dem an Himbeeren und schwarze Johannisbeeren erinnernden Aroma ebenso wie der Chinon zu den typischen Loire-Rotweinen.

Saumur

Neben einem trockenen Weißwein aus der Chenin-Rebe verdient besonders der Rotwein Saumur Champigny Beachtung. Schon Edward VII., König von England, schätzte diesen Wein, dem man nachsagt, daß er in besonderem Maße die Landschaft widerspiegelt. Das milde Klima und der Tuffstein, auf dem der Wein wächst, geben ihm diesen eleganten und harmonischen Geschmack, der bei langer Reifung um so vollendeter wird.

Roséwein

Anjou

Über die Grenzen Frankreichs hinaus ist vor allem der Rosé d'Anjou aus der roten Cabernet-Traube bekannt, der sich durch seinen fruchtigen, aber trotzdem milden Geschmack einen Namen gemacht hat. Die Cabernet-Traube liefert aber auch einen Vin Gris, der nicht grau ist, wie der Name besagt, sondern ein „Weißwein, der etwas errötete". Er ist trockener als der Rosé d'Anjou, man findet ihn unter der Bezeichnung *Cabernet de Saumur*.

Reisewege

Mit dem Flugzeug

Von den meisten Flughäfen der Bundesrepublik Deutschland, Österreichs und der Schweiz verkehren zum Teil mehrmals täglich Linienmaschinen der großen Fluggesellschaften nach Paris. Von dort aus gibt es Anschlußverbindungen mit der ‚Air inter' z.B. nach Nantes.

Außerdem werden z. B. von Orléans und Blois aus Rundflüge über das Loire-Tal angeboten. Die kleinen Maschinen überfliegen Chambord – Cheverny – Chenonceaux – Amboise – Blois und das Atomkraftwerk St-Laurent-des-Eaux (s. auch Kapitel „Tips für die Ferien an der Loire").

Auskünfte über Flugpläne und -preise erhält man bei den Reisebüros und den Vertretungen der Air France.

Mit der Bahn

Durchgehende Zugverbindungen von der Bundesrepublik Deutschland, Österreich und der Schweiz verbinden die Großstädte der jeweiligen Länder mit Paris. Von dort aus sind die wichtigen Orte im Loire-Tal leicht und schnell zu erreichen.

Die französische Staatsbahn (Société Nationale des Chemins de Fer SNCF) bietet dem Touristen eine ganze Reihe von Ermäßigungen an, die zum Teil schon im Heimatland gekauft werden können.

Auskünfte über Touristenbilletts, Familien- und Seniorenermäßigungen sowie die Netzkarte ‚France Vacances' oder ‚Billet de séjour' und Broschüren, die über weitere Sonderangebote informieren, erhält man auch direkt bei der Deutschen Bundesbahn oder den entsprechenden Reisebüros.

Mit dem Auto

Die Mitnahme der Grünen Versicherungskarte ist für Autofahrer aus der Bundesrepublik Deutschland nicht zwingend vorgeschrieben.

Autofahrer benötigen den nationalen Führerschein, den nationalen Kraftfahrzeugschein und das entsprechende Nationalitätszeichen an der Rückseite des Wagens.

Ein deutschsprachiger Notrufdienst ist in Paris unter Tel. (16-1) 45 00 42 95 zu erreichen.

Auskünfte, vor allem über abweichende Verkehrsvorschriften, erteilen die Automobilclubs:

ADAC: bei allen Geschäftsstellen.
AvD: Lyoner Straße 16, D-6000 Frankfurt-Niederrad
ÖAMTC: Schubertring 1–3, A-1010 Wien
TCS: 9, rue Pierre Fatio, CH-1211 Genf
ACS: Wasserwerkgasse 39, CH-3001 Bern

Hilfs- und Abschleppdienst

Der Hilfs- und Abschleppdienst ist in Frankreich gut organisiert. Auf den Durchgangsstraßen sind in Abständen von ca. 4 km Notrufsäulen aufgestellt, die mit der Polizei verbunden sind.

Französischer Automobilclub

Automobile Club de France (ACF): 6, place de la Concorde, F-75008 Paris.

Bleifreies Benzin

Mittlerweile gibt es an fast allen Tankstellen bleifreies Benzin (Super). Ein Faltblatt mit dem Titel „In Frankreich fahre ich bleifrei" gibt es kostenlos beim Französischen Fremdenverkehrsamt (s. S. 17).

Bei Regen runter vom Gas

In Frankreich müssen Autofahrer bei Regen den Fuß vom Gaspedal nehmen. Bei Niederschlägen sind auf Autobahnen statt 130 km/h nur noch 110 km/h erlaubt, auf allen anderen Straßen gelten statt 90 dann 80 km/h als Höchstgeschwindigkeit. Wer sich an diese Regelung nicht hält, muß an Ort und Stelle eine Sicherheitsleistung hinterlegen. Über die Höhe des Bußgeldes – es kann bis zu 1200 Francs oder umgerechnet rund 400 Mark betragen – entscheidet ausschließlich ein Gericht.

Beschlagnahme des Fahrzeugs

Ausländische Verkehrssünder, die in Frankreich eine gegen sie verhängte Geldbuße nicht sofort bezahlen können, müssen mit der Beschlagnahme ihres Fahrzeugs rechnen. Die Gefahr einer Beschlagnahme ist jetzt besonders groß, da im Rahmen eines neuen Gesetzes die Verkehrsstrafen drastisch erhöht wurden. Selbst Ausländer können auf kein Pardon hoffen. So kostet z. B. die Nichtbeachtung eines Rotlichts 2500 Francs.

Praktische Hinweise

Ärztliche Versorgung

Der Versicherungsschutz durch die gesetzlichen Krankenkassen ist auch bei Reisen ins europäische Ausland nicht gewährleistet. Nach wie vor kann man sich den Auslandskrankenschein besorgen; wird dieser vom Arzt nicht akzeptiert, werden die Kosten nicht mehr zurückerstattet. Um eine problemlose ärztliche Versorgung im Bedarfsfall gewährleistet zu haben, sollte man unbedingt eine private Reise-Krankenversicherung abschließen.

ⓘ Auskünfte erteilen die Reisebüros und die privaten Krankenversicherungen.

Auskunftsstellen

Auskünfte und Prospekte über das Tal der Loire erhält man bei den französischen Fremdenverkehrsbüros in:

Bundesrepublik Deutschland
Kaiserstraße 12, D-6000 Frankfurt/M., Tel. (069) 74 05 51-56. Berliner Allee 26, D-4000 Düsseldorf, Tel. (0211) 8 03 75 / 8 03 76.

Österreich
Landstraßer Hauptstraße 2, A-1030 Wien, Tel. (0222) 75 70 62.

Schweiz
Bahnhofstraße 16, CH-8022 Zürich; Tel. (01) 2 11 30 85-86..

Fast jeder Ort von eigener touristischer Bedeutung besitzt einen Verkehrsverein „Syndicat d'Initiative" oder ein Verkehrsamt „Office de Tourisme". Anschriften sind unter ⓘ zu finden.

Diplomatische Vertretungen

Bundesrepublik Deutschland
Botschaft: 13-15, avenue Franklin D. Roosevelt, F-75 008 Paris. Honorarkonsulat: 49, quai de la Fosse, F-4400 Nantes.

Österreich
Botschaft: 6, rue Fabert, F-75007 Paris.

Schweiz
Botschaft: 142, rue de Grenelle, F-75007 Paris.

Feiertage

Neujahrstag, Ostermontag, 1. Mai, 8. Mai (Waffenstillstand 1945), Christi Himmelfahrt, Pfingstmontag, 14. Juli (Nationalfeiertag), 15. August, 1. November, 11. November (Waffenstillstandstag 1918), erster Weihnachtstag.

Geld/Devisen

Die Ein- und Ausfuhr von Zahlungsmitteln ist nicht beschränkt. Beträge von mehr als FF 50 000 oder der Gegenwert müssen deklariert werden.

Postsparer

Vom deutschen Postsparbuch können an einem Tag bis zu DM 1000 und innerhalb von 30 Tagen maximal DM 2000 in französischen Francs abgehoben werden.

Schecks

In Frankreich können Eurocheques bis zu einem Höchstbetrag von FF1400 eingelöst werden. Es empfiehlt sich, Reiseschecks in Francs mitzunehmen.

Währungseinheit

Die Währungseinheit ist der französische Franc (FF), der in 100 Centimes (c) zerfällt. In Umlauf sind Münzen zu 10, 5, 2, 1 FF und 50, 20, 10 und 5 c. Als Banknoten gibt es 500, 200, 100, 50 und 20 FF.

Wechselkurs

Den Tageskurs erfährt man bei der Bank oder aus der Zeitung.

Grenzpapiere

Deutsche, Österreicher und Schweizer benötigen bei der Einreise einen Reisepaß bzw. Personalausweis.

Kinder unter 16 Jahren müssen einen Kinderausweis besitzen oder im Elternpaß eingetragen sein.

Netzspannung

220 Volt Wechselstrom, selten auch noch 110 Volt. Die Mitnahme eines Adapters ist zu empfehlen.

Öffnungszeiten

Banken

Keine einheitliche Regelung. Manche Banken haben samstags geöffnet und montags geschlossen oder umgekehrt.

Geschäfte

In Frankreich gibt es kein Ladenschlußgesetz. Meistens sind die Geschäfte – abgesehen von einer Mittagspause – von

9–19 Uhr geöffnet, Supermärkte bis 22 Uhr. Lebensmittelgeschäfte sind sehr oft auch am Sonntagvormittag geöffnet.

Behörden

Mo bis Fr 9–12 und 14–17 Uhr.

Postämter

Die Postämter und Hilfsstellen „PTT" („Administration des **P**ostes, **T**élégraphes et **T**éléphones") oder „**P** et **T**" („Ministère des **P**ostes et **T**élécommunications") sind Mo bis Fr 9–19 Uhr (auf dem Lande Mo bis Fr 8–12 Uhr und 14–18.30 Uhr) sowie samstags bis 12 Uhr geöffnet.

Museen

Die meisten Museen sind dienstags geschlossen.

Exakte Auskünfte erteilt das „Syndicat d'Initiative" bzw. „Office de Tourisme" des jeweiligen Ortes.

Postgebühren

Frankreich – Bundesrepublik Deutschland
Postkarte: FF 2.10. Brief: FF 2.30.

Frankreich – Österreich/Schweiz
Postkarte: FF 2.50. Brief: FF 2.50.

Reisezeit

Neben dem Frühling bietet sich auch der Herbst als schönste Reisezeit für eine Reise an die Loire an.

Sommerzeit

Die Sommerzeit MEZ plus eine Stunde gilt von Anfang April bis Ende September.

Reiseandenken

Fayencen aus Gien und Nevers
Korbwaren aus Weidegeflecht aus Villaines-les-Rochers
Kunsthandwerk aus Rebenholz aus dem Anjou
Keramikarbeiten aus Sancerre.

Telefon

Ein Ortsgespräch kostet in Frankreich FF 1,00.

Vorwahl Bundesrepublik: 19-49
Vorwahl Österreich: 19-43
Vorwahl Schweiz: 19-41

Zuerst die 19 – Freizeichen abwarten – danach die weiteren Nummern für das entsprechende Heimatland, die Ortsvorwahl (ohne Null) und den Teilnehmeranschluß anwählen.

Die Durchwahl ins Ausland ist von fast allen Telefonkabinen aus möglich. Von den meisten öffentlichen Telefonzellen kann nur noch mit der *Télécarte* (zu 50 oder 120 Einheiten) telefoniert werden. Die Karte gibt es bei den Postämtern oder in den Tabakläden zu kaufen.

Trinkgeld

Der Bedienungszuschlag ist laut Gesetz immer im Preis inbegriffen. Ein zusätzliches Trinkgeld ist aber gern gesehen.

Zoll

Bei der Wiedereinreise ins Heimatland sind pro Person (über 17 Jahre) zollfrei:

Bundesrepublik Deutschland: Geschenke bis zum Gesamtwert von DM 810,-, 300 Zigaretten oder 75 Zigarren oder 400 g Tabak, 1,5 l Spirituosen über 22 % (oder 3 l unter 22 %, oder 3 l Schaum- oder Likörwein) und 5 l Wein.

Österreich: Geschenke bis zum Gesamtwert von öS 1000, 200 Zigaretten oder 50 Zigarren oder 250 g Tabak, 1 l Spirituosen über 22 % und 2 l unter 22 %.

Schweiz: Geschenke bis zum Gesamtwert von sfr 200, 200 Zigaretten oder 50 Zigarren oder 250 g Tabak, 1 l Spirituosen über 15% und 2 l unter 15%.

Mehrwertsteuer

Touristen bekommen die Mehrwertsteuer zurückerstattet.

Bundesrepublik Deutschland:

Einkaufswert mindestens FF 2.400,-. Vorgeschriebenes Dokument: Verkaufsschein (gelb) in doppelter Ausführung.

Der Käufer muß diese Dokumente von der Steuer- oder Zollbehörde seines Heimatlandes abzeichnen lassen (Grenze oder Flughafen) und sie – mit Angabe der Bankverbindung – dann an das Zollamt: Bureau des Douanes de Paris, 61, rue de la Chapelle, F-75018 Paris einsenden. Das Geld wird dann überwiesen.

Österreich/Schweiz:

Einkaufswert mindestens FF 1.200,-. Vorgeschriebenes Dokument: Verkaufsschein (rosa) in doppelter Ausführung und ein frankierter Umschlag (beides erhält man beim Kauf).

Bei der Ausreise müssen Dokument und Ware dem französischen Zollbeamten vorgelegt werden. Die abgestempelten Scheine werden in dem Umschlag mit Adresse verschickt. Das Geld wird überwiesen.

Orléans

Orléans (110 m; 160 000 Einw.) ist die Hauptstadt des Departements Loiret und der ‚Région Centre' mit Bischofssitz und Universität. Die Altstadt liegt am nördlichen Ufer der Loire, südlich entstand eine moderne Stadt. Hier liegt auch der sehenswerte Blumenpark *Parc floral de la Source*.

Wein- und Essighandel, Textil- und Lebensmittelindustrie sowie große Baumschulen bilden die wirtschaftliche Grundlage der Stadt und ihrer Bewohner.

GESCHICHTE

Genabum, die Stadt der gallischen Carnuten, wird 52 v. Chr. von den Römern erobert und Aurelinis (daher Orléans) genannt. Bereits im 4. Jh. wird die Stadt Bischofssitz. 498 von Chlodwig erobert, beruft er hier 511 das elfte fränkische Nationalkonzil ein. Im 7. Jh. wird Orléans Königsstadt und damit eigentliche Hauptstadt des Westfrankenreichs. 1305 erhält die Gelehrtenschule, von Bischof Theodulf um 800 gegründet, den Rang einer Universität. Herausragendes Ereignis der Stadtgeschichte ist ihre Befreiung von den Engländern durch Jeanne d'Arc im Jahr 1429. Zwei Drittel des Landes und die Hauptstadt waren von ihnen im Hundertjährigen Krieg bereits besetzt.

Zu Ehren der „Jungfrau von Orléans" feiert man alljährlich am 7./8. Mai ein großes Fest.

Während der Religionskriege, besonders zwischen 1562 und 1594, wechseln sich Hugenotten und Katholiken im Besitz der Stadt ab. In den Kämpfen wird der alte Baubestand vernichtet oder schwer beschädigt. 1594 ergibt sich Orléans dem zum Katholizismus übergetretenen König Henri IV. 1815 und 1870 wird Orléans von den Preußen besetzt. Von 1940 bis 1944 ist die Stadt in deutscher Hand und erleidet besonders in den Befreiungskämpfen (1944) schwere Zerstörungen.

RUNDGANG

Städtebaulicher Mittelpunkt im Herzen der Altstadt ist die

Place du Martroi [1]. Blickfang ist das *Reiterstandbild* der Heiligen und Heerführerin Jeanne d'Arc. Es wurde 1855 von dem Bildhauer Foyatier geschaffen. Die

Reiterstandbild der Jeanne d'Arc

Sockelreliefs von Dubray zeigen Szenen aus dem Leben der Heiligen. Im Westen – und als Gegenstück im Osten – des Platzes verdienen die beiden Häuser mit giebelgekrönter Fassade besondere Aufmerksamkeit. Alle Gebäude um den Platz wurden im Zweiten Weltkrieg stark beschädigt, in der Folgezeit aber so gut restauriert, daß sich dem Besucher heute der Platz wieder als vollständige klassizistische Anlage präsentiert.

Von der Place du Martroi verläuft die *Rue d'Escures* (Patrizierhäuser aus dem 17. Jh.) nach Osten zur *Place de l'Etape*, an deren Westseite das *Hôtel Groslot* (Rathaus) [2] steht. Im Garten des stark restaurierten Renaissancebaus (1549–1555) ist die Fassade einer Kapelle (15. Jh.) zu besichtigen. Hinsichtlich der Innenbesichtigung des Rathauses muß man sich an den Pförtner wenden.

Trotz der Äußerung des Dichters Marcel Proust, der die Kathedrale

Sainte-Croix [3] als eine der häßlichsten Frankreichs bezeichnete, weist sie doch einige Besonderheiten auf und ist ein hervorragendes Zeugnis für die Stadtgeschichte.

Um 375 legte der hl. Evortius (Bischof von Orléans) den Grundstein zu einer dreischiffigen Basilika, von der Querschiff und Apsis unter dem heutigen Chor

freigelegt wurden. Der Legende nach soll Gott den Bau geweiht haben. Da spätere Nachfolgebauten auch nicht von menschlicher Hand geweiht wurden, findet man das übliche Weihekreuz nicht.

Die eigentliche Baugeschichte der Kathedrale beginnt im 12. Jh. Doch unsolide Bauweise und die Zerstörungen im Hundertjährigen Krieg machten einen Wiederaufbau erforderlich. Die Mittel hierzu stellte Henri IV zur Verfügung. Dieser Bau gilt als sichtbarer Beweis seines Glaubensübertritts vom Protestantismus zum Katholizismus. Die erhaltenen *Chorkapellen* (13. und 14. Jh.) wurden in den Neubau einbezogen. Abgesehen von kurzen Unterbrechungen, dauerten die Bauarbeiten bis 1829. Um so verwunderlicher, daß trotz der ständigen Erweiterungsbauten ein gotisches Erscheinungsbild gewahrt werden konnte. Von der Innenausstattung sind die Holzschnitzarbeiten (frühes 18. Jh.) im Chor sehenswert.

Musée des Beaux Arts [4] (*Rue Paul-Belnorde*). Zu sehen sind hauptsächlich Gemälde der französischen Schule aus dem Mittelalter und der Neuzeit.

Saint-Aignan [5] wurde 1428 zerstört und unter Louis XI wieder aufgebaut. Von der im Zweiten Weltkrieg wiederum zerstörten Klosterkirche sind nur noch der *Chor* mit dem Kapellenkranz und das *Querschiff* erhalten. Unter letzterem konnte die Krypta der 1029 geweihten Vorgängerkirche mit beachtenswerten Kapitellen freigelegt werden.

Wegen der Besichtigung muß man sich an das Office de Tourisme wenden.

Über die *Rue de Bourgogne* erreicht man an der *Place de la République* das ehemalige Rathaus *Hôtel des Créneaux* (15.–16. Jh.).

An der Place *Abbé-Desnoyers* liegt der *Adelshof* (16. Jh.).

Hôtel Cabu [6], in dem das *Musée historique et archéologique* mit gallo-römischen Bronzefunden aus Neuvy-en-Sullias untergebracht ist.

Pont George V. [7] Die heutige Brücke wurde 1760 gebaut. Sie liegt 100 m östlich des Übergangs, über den Jeanne d'Arc in die belagerte Stadt einzog.

PRAKTISCHE HINWEISE

Office de Tourisme, Place Albert Ier, F–45000 Orléans.

Paris–Bordeaux; Paris–Toulouse.

Paris, Chartres, Blois u. a.

„Sofitel“, 44–46, quai Barentin.

„Cèdres“, 17, rue Mar.-Foch; „Orléans“, 6, rue A.-Crespin.

**Bourges

Bourges (80 000 Einw.), liegt geographisch gesehen im Zentrum Frankreichs. Die Hauptstadt des Departements Cher war einst eine der blühendsten Städte des Königreichs.

Inmitten weiter Gemüsefelder gelegen, lädt Bourges zum längeren Verweilen ein.

GESCHICHTE

Auf dem Hügel, den heute die Altstadt von Bourges einnimmt, lag eine Ansiedlung des keltischen Stamms der Bituriger. Sie wurde 52 v. Chr. von den Römern erobert und erhielt den Namen Avaricum. Zur Zeit des Kaisers Augustus wird die Stadt, zu der die Ansiedlung sich schnell entwickelt, einer der Verwaltungssitze der kaiserlichen Provinz Aquitanien.

Im 3. Jh. wird durch den heiligen Ursinus das Christentum eingeführt. 475 fällt die Stadt mit Aquitanien an die Westgoten, wird aber bereits um 507 fränkisch. In karolingischer Zeit entsteht eine Vizegrafschaft, die die Landschaft Berry (etwa die heutigen Departements Cher und Indre) umfaßt und im 12. Jh. an die französische Krone fällt. 1145 ruft hier der Bischof von Langres zum zweiten Kreuzzug auf. 1360 erhebt König Johann II. das Berry mit der Hauptstadt Bourges zum Herzogtum und übergibt es seinem Sohn Johann (1340–1416). Johann geht als Auftraggeber des berühmten „Stundenbuches des Herzogs von Berry“ in die Kunstgeschichte ein. Aber auch Bourges profitiert von der Kunstbegeisterung des Mäzen: es wird Sitz einer der bedeutendsten Kunstschulen des Landes.

Im Hundertjährigen Krieg bildet das Berry den Kern der dem französischen König verbliebenen Länder. Die anderen Provinzen sind mit den Engländern einen Pakt eingegangen. So hält sich Charles VII zwischen 1422 und 1437 vorwiegend in Bourges auf, was ihm den spöttischen Titel „der kleine König von Bourges“ einbringt. 1438 wird hier die „Pragmatische Sanktion“ unterzeichnet, die Grundlage des Gallikanismus (des französischen Nationalkirchentums). 1463 erhält Bourges eine Universität, die besonders durch die Vorlesungen von Jacques Cujas (1522–1590) über römisches Recht berühmt wird. Ein berühmter Student dieser Universität ist Jean Calvin, der in Bourges vor seiner Vertreibung aus Frankreich zum protestantischen Glauben übertritt.

Nach den Hugenottenkriegen des 16. Jhs. verläuft die Geschichte Bourges' in ruhigen Bahnen. Von Juni 1940 bis August 1944 ist die Stadt von deutschen Truppen besetzt.

RUNDGANG

Wie der Stadtplan erkennen läßt, bildet die Altstadt ein sehr langgestrecktes Oval, dem sich ein innerer und ein äußerer Straßenzug in ihrem Verlauf anpassen. Diese beiden Straßenzüge liegen beiderseits der alten Stadtbefestigung, die zum größten Teil von Häusern überbaut ist (im Gegensatz zu den meisten anderen alten Städten, in denen an die Stelle des Mauerrings breite Straßen getreten sind). Der Rundgang beginnt an der

*****Cathédrale Saint-Etienne** [1], dem bedeutendsten Bauwerk der Stadt und einer der großen gotischen Kathedralen Frankreichs, die für viele Sakralbauten innerhalb und außerhalb Frankreichs (Coutances und Le Mans, Barcelona, Burgos und Toledo) zum Vorbild geworden ist. Bischof Henri de Sully begann 1195 mit dem Bau der Kirche. Er war ein Bruder des Pariser Bischofs Eude de Sully, der an Planung und Bau der Kathedrale Notre-Dame in Paris beteiligt war. Die Kathe-

Cathédrale St-Etienne

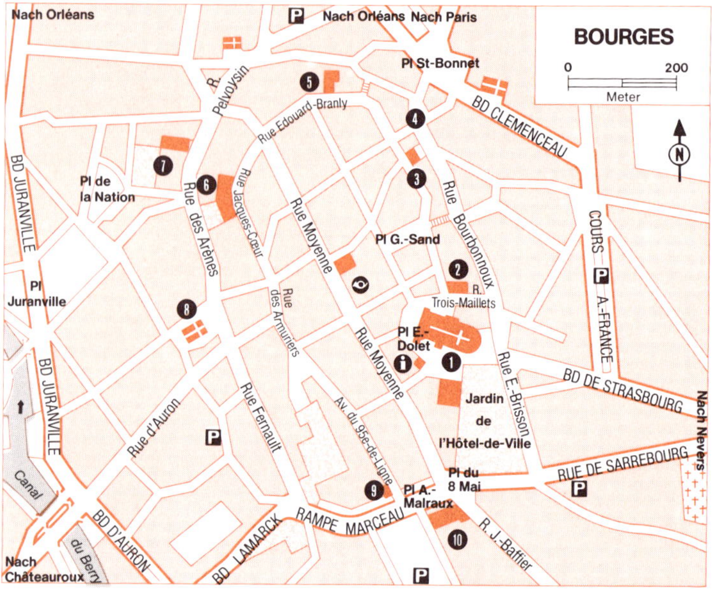

drale von Bourges war bereits 1260 vollendet. Die späteren Veränderungen und Zutaten sind für das Gesamtbild zum größten Teil nur von untergeordneter Bedeutung.

Die riesige *Westfassade* erreicht in ihrer Aufgliederung noch nicht die Harmonie derjenigen von Notre-Dame in Paris. Die *fünf Portale* indessen, zu denen eine breite Freitreppe (1852) hinaufführt, sind sehr eindrucksvoll als Bauglieder und durch ihren reichen Skulpturenschmuck. Am *Mittelportal* (um 1275) ist wie in Paris das Jüngste Gericht dargestellt. Das große Stirnfenster („Le Grand Housteau") über diesem Portal ist teils Rose, teils Fenster und wurde 1390 von Guy de Dammartin geschaffen. Die Skulpturen der beiden rechten *Seitenportale* (um 1250/60) befassen sich mit dem Leben des hl. Stephanus und des hl. Ursinus, des Apostels der Landschaft Berry. Die beiden linken Seitenportale wurden nach dem Einsturz des Nordturms (1506) 1513 und 1515 erneuert; ihre Skulpturen stellen Szenen aus dem Leben Mariens und des hl. *Guillaume* (Wilhelm) dar, der 1209 als Bischof von Bourges starb.

Ein Rundgang um die Kathedrale läßt einige Besonderheiten des Bauwerks erkennen. Die Kirche besitzt kein Querschiff, wohl aber an der Nord- und Südseite je ein Seitenportal. Diese beiden Portale sind Überreste der älteren romanischen Kathedrale. Die Figuren (um 1160) stellen Gestalten aus dem Alten Testament dar. Die Vorhallen der beiden Portale sind gotisch. Der halbrunde Hochchor ist von erkerartigen Kapellen umgeben, die steinerne Spitzhelme tragen.

Das weiträumige *Innere* ist in fünf Schiffe gegliedert und ähnelt insofern dem Innenraum von Notre-Dame in Paris. Während die Seitenschiffe von Notre-Dame gleich hoch sind und sich über den inneren Seitenschiffen Emporen befinden, sind die inneren Seitenschiffe in Bourges erheblich höher als die äußeren, haben dafür aber keine Emporen. Den großartigsten Innenschmuck bilden die herrlichen Glasmalereien (13. Jh.) im Chor, die mit denen der Kathedrale von Chartres gleichgesetzt werden. Unter dem Chor befindet sich eine Krypta (um 1200 fertig gestellt), die wegen des abschüssigen Geländes eine bautechnische Notwendigkeit war. Hier sind Teile des alten Lettners (13. Jh.) und eine Statue des Herzogs Johann von Berry aufgestellt.

An der Südseite der Kathedrale erstreckt sich die *Place Etienne-Dolet* mit dem Hôtel de Ville (Ende des 17. Jhs.), das einst Erzbischöfliches Palais war. Von dem dahintergelegenen *Jardin de l'Hôtel de Ville* hat man einen freien Blick auf die Kathedrale. Der Garten, von einem Schüler (Paul Marguerita) des berühmten Gartenbauarchitekten Le Nôtre geschaffen, lädt zu einem längeren Verweilen ein.

An der Rue des Trois-Maillets liegt die

Grange des Dîmes [2]. In dem Speicher aus dem 13. Jh. bewahrten die Kanoniker der Kathedrale den „Naturalzehnt" in Form von Wein und Getreide der abhängigen Bauern auf. – Das

Hôtel Lallemant [3] (6, *rue Bourbonnoux*) wurde um 1500 von einer reichen Tuchhändlerfamilie auf dem ehemaligen römischen Festungswall errichtet. In dem Gebäude sind schöne Möbel, Teppiche und Keramiken der Gegend ausgestellt.

Die *Rue Bourbonnoux* mündet in die

Place Gordaine [4], das Zentrum des alten Bourges. Auf diesem von Fachwerkbauten aus dem 15. und 16. Jh. gesäumten Platz fühlt man sich ins Mittelalter zurückversetzt. Das

Hôtel des Echevins [5] (*Rue Edouard-Branly*) gehört mit seinem achteckigen, reich verzierten Fassadenturm zu den schönsten Bürgerbauten des ausgehenden 15. Jahrhunderts. Heute ist hier das *Musée Estève* untergebracht, das dem Lebenswerk des aus dem Berry stammenden Malers gewidmet ist.

Der bemerkenswerteste Profanbau der Stadt ist allerdings das

Hôtel Jacques-Cœur [6] in der gleichnamigen Straße. Jacques Cœur, der Bankier des Königs Charles VII, ließ sich dieses

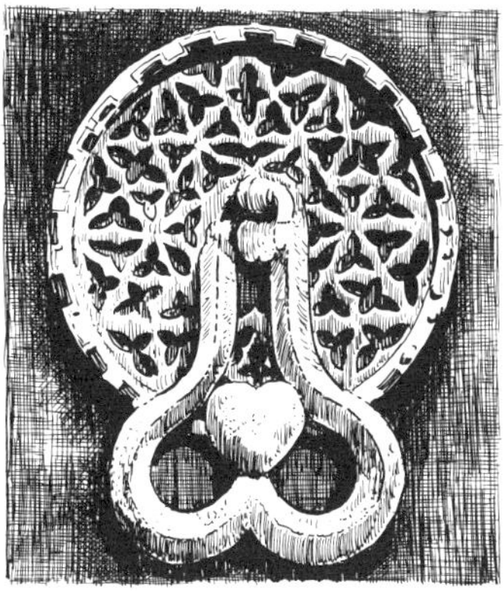

Schmiedeeiserner Türgriff

Palais, einen der herrlichsten gotischen Bürgerbauten Frankreichs, von 1443 bis 1451 für 100 000 Golddukaten erbauen. Neidische Schuldner bezichtigten den Bankier, Agnes Sorel, die Geliebte von Charles VII, vergiftet zu haben. Das Vermögen des Bankiers wurde daraufhin eingezogen. Vom König verbannt, starb er verarmt.

Sehenswert sind die monumentalen, reich verzierten Kamine in den Empfangsräumen, der Tresorraum und das Deckengemälde der Kapelle. Überall tauchen Jakobsmuscheln und das Herz als Ornamentmotiv auf.

Unweit liegt in der *Rue des Arènes* das

Musée du Berry [7]. Es ist in dem eleganten Renaissancebau *Hôtel Cujas* (1515) untergebracht. Neben Sammlungen aus prähistorischer und gallo-römischer Zeit besitzt das Museum eine lebendige Volkskunstsammlung. So werden unter anderem alte, typische Handwerksbetriebe des Berry gezeigt.

Bei der Mündung der *Rue des Arènes* in die *Rue Fernault* liegt die Kirche

Saint-Pierre-le-Guillard [8] aus dem Jahr 1225. Der Legende nach soll der Stifter der zum Christentum übergetretene Jude Zacharias Guillard gewesen sein. In einer der Kapellen aus dem 16. Jh. befindet sich das Grabmal des Rechtsgelehrten Cujas.

Das einzig erhaltene romanische Bauwerk der Stadt ist die

Porte St-Ursin [9] (*Avenue du 95e – de-Ligne*). Am Portal ist in allegorischen Bildern der Jahresablauf in Form der typischen Tätigkeiten während der einzelnen Monate dargestellt.

Auf dem Rückweg zur Kathedrale stößt man an der *Place André-Malraux* auf das

Maison de la Culture [10], eine der ersten Einrichtungen dieser Art in Frankreich. Das Kulturzentrum bietet ein reichhaltiges Angebot aller Richtungen: Ausstellungen, Kleinkunst, Bar/Restaurant (tgl. bis auf Montag geöffnet).

PRAKTISCHE HINWEISE

ⓘ Office de Tourisme, 21, rue Victor-Hugo, F–18003 Bourges.

🏨 „Angleterre", 1, place des Quatre-Piliers; „Christina", 5, rue de la Halle.

⛺ 22, rue Henri-Sellier.

⛺ Municipal, 26, bd de l'Industrie.

*Blois

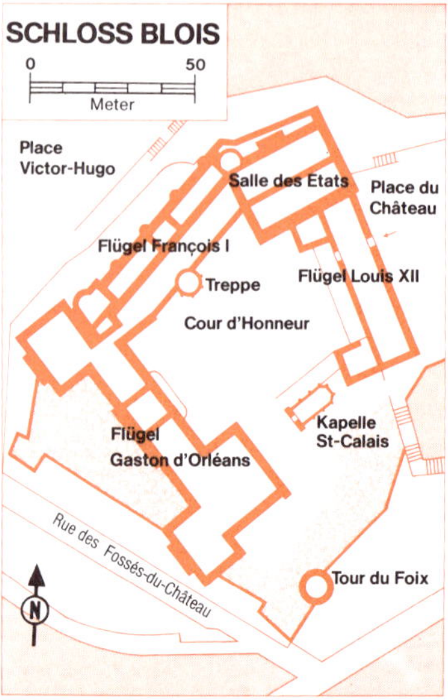

Blickfang der alten Königsstadt Blois (52 000 Einw.) ist der mächtige Baukomplex des Schlosses oberhalb der mittelalterlichen Straßenschluchten.

Die am Nordufer der Loire angelegte Stadt hat trotz der schweren Zerstörungen im Zweiten Weltkrieg ihren ursprünglichen Charakter mit den schmalen ansteigenden Gassen bewahrt. Blois ist ein wichtiges Handelszentrum für die Agrargebiete Beauce im Norden der Sologne im Süden der Loire. Hinzu kommen als weiterer wichtiger Wirtschaftsfaktor die Einnahmen aus dem Tourismus.

Blois bietet sich als Ausgangspunkt für Rundfahrten zu den Loire-Schlössern an.

GESCHICHTE

In der „Geschichte der Franken" von Gregor von Tours werden 584 zum erstenmal die Blisenses, die Bewohner des Blésois (Landschaft um Blois), erwähnt. Schon zu Beginn des 9. Jhs. wird Blois Sitz eines mächtigen Grafengeschlechts, nach dessen Aussterben (1241) die de Châtillon Herren von Blois werden. 1397 geht die Grafschaft an Louis d'Orléans, den zweiten Sohn Karls V., über. Der uneheliche Sohn von Louis ist der berühmte Dunois, genannt der „Bastard von Orléans", Waffengefährte der Jeanne d'Arc. In Schillers Drama „Die Jungfrau von Orléans" ist er eine der Hauptpersonen.

Von 1440 bis 1589 residieren und regieren die französischen Könige von hier aus das Land.

Später wählt nur noch einmal der Herzog Gaston d'Orléans – der mißliebige Bruder des Königs Louis XIII – Blois zu seiner Residenz.

RUNDGANG

Man beginnt den Rundgang am besten mit der *Place Victor-Hugo*. Dort steht die ehemalige Jesuitenkirche *St-Vincent-de-Paul* (1626–1671), eine Stiftung des Gaston d'Orléans. Etwas westlich des Platzes liegt in der *Avenue Jean-Laigret* der

Pavillon d'Anne de Bretagne [1]. Der einstige Lieblingsbau der Königin dürfte um 1500 errichtet worden sein. Er stand ursprünglich in den Gartenanlagen, die sich, terrassenförmig angelegt, vom Schloß bis zum heutigen Bahnhof hin ausdehnten.

Terrasse [2]. Von dort bietet sich ein schöner Blick auf die beiden Flügel *François Ier* und *Gaston d'Orléans* (s. Grundriß) und hinab auf die Stadt. Die *Rue des Fossées-du-Château* und die *Rue St-Lubin* führen zum Eingang des Schlosses an der *Place du Château*. – Das

Schloß [3] bildet ein überraschendes und faszinierendes Nebeneinander verschiedener Baustile. Sein Grundriß ist ein unregelmäßiges, nach Südosten großenteils offenes Viereck.

Mit Blois sind wichtige Ereignisse der französischen Geschichte verbunden. Es war die bevorzugte Residenz des Herzogs Charles d'Orléans (1391–1465), der fünfundzwanzig Jahre in englischer Gefangenschaft verbracht hatte. Er war ein bedeutender Dichter und umgab sich in seiner Residenz mit einem Kreis von Künstlern und Gelehrten, darunter zeitweise auch François Villon. Sein Sohn, Louis XII, machte Blois zur königlichen Residenz; es spielte etwa die Rolle wie später Versailles. Die Regierungszeit von Henri III (1574–1589) bildete den dramatischsten Abschnitt in der Geschichte der Stadt. Während der Religionskriege traten in Blois zweimal die Generalstände zusammen; hier ließ Henri den mächtigen

Treppe François Ier

Duc de Guise, Führer der Katholischen Liga, ermorden. Der Herzog strebte die vollständige Unterdrückung der protestantischen Lehre an, außerdem wollte er den König absetzen. Um seinen Thron zu retten, ließ Henri 1588 seinen Gegner ermorden.

Zur *Place du Château* hin liegt der *Flügel Louis XII.* Über dem Bogen des Eingangs steht in einer spätgotischen Nische, deren Rückwand mit Lilien geschmückt ist, ein *Reiterstandbild* des Königs Louis XII (1857; Nachbildung des 1792 zerstörten), der diesen Schloßflügel von 1498 bis 1503 im Stil der späten Gotik erbauen ließ. Unter der Nische und über der kleinen Tür rechts vom Eingangsbogen ist ein Stachelschwein, das Wappentier des Bauherrn, angebracht. Die Binnenhof-Fassade des Flügels Louis XII wird im Erdgeschoß von einer Galerie gebildet, deren Säulen mit Lilien (Wappenblume Frankreichs) und Hermelintüpfeln (Wappenzeichen seiner Frau, Anne de Bretagne) geschmückt sind, während Arabesken den Pfeilerschmuck bilden.

An den Flügel Louis XII schließt sich im Süden annähernd im rechten Winkel der Rest einer gotischen Galerie (um 1450) an, die ursprünglich die ganze Südostseite des Komplexes abschloß. Hinter dieser Galerie erhebt sich die *Chapelle Saint-Calais* (1508 geweiht; nur der 1957 restaurierte Chor erhalten), deren Glasmalereien von Max Ingrand geschaffen wurden.

Südlich der Kapelle liegt die *Terrasse du Foix* (schöner Blick auf die Unterstadt und das Loire-Tal), die ihren Namen von der Tour du Foix, einem Überrest der mittelalterlichen Festungswerke, erhalten hat.

Der Südwestflügel des Schlosses ist nach seinem Erbauer *Gaston d'Orléans* benannt und ist ein nüchternes, strenges Werk des Klassizismus, mit dessen Bau nach Plänen von François Mansart 1635 begonnen wurde. Der Architekt wollte alle älteren Teile des Schlosses durch klassizistische Bauten ersetzen. Die Pläne wurden zwar aufgegeben, aber einige Bauteile sind damals doch abgebrochen worden.

An den Flügel Gaston d'Orléans schließt sich rechtwinklig der *Flügel François Ier*

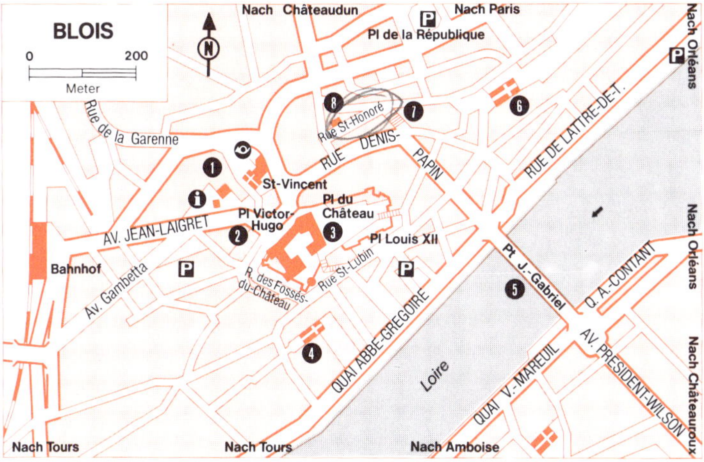

an, der von 1515 bis 1524 im Stil der Renaissance erbaut wurde. Die nach dem Vorbild der italienischen Renaissance reich verzierte Fassade weist zwischen den Fenstern immer wieder den Salamander, das Wappentier des Königs François Ier, auf. Der eindrucksvollste Teil der Fassade ist der vorspringende achteckige *Treppenturm* mit seinen herrlichen Skulpturen.

Noch ganz im Stil der Gotik gebaut, weist der Fassadenschmuck schon Elemente der Renaissance auf.

Die spiralförmig angelegte Treppenanlage spielte bei den glanzvollen Festen eine wichtige Rolle. Sie war der Ort prunkvoller Empfänge, bei denen die Edelleute von den Tribünen aus die Gäste empfingen, während die Ehrenwache auf den Balkonen stand.

Die Treppe markiert heute nicht mehr die Fassadenmitte, da Mansard bei der Errichtung des Flügels Gaston d'Orléans einen Teil dieses Flügels abreißen ließ.

Unter dem reichen Skulpturenschmuck tauchen immer wieder die königlichen Embleme auf, Arabesken überziehen die Mauerflächen, Blumen und Menschengestalten schmücken ihre Rippen.

Im Winkel zwischen den Flügeln François Ier und Louis XII steht der älteste Teil des Schlosses mit dem ehemaligen *Salle des Etats* (Herrensaal) der Grafen von Blois aus dem 13. Jh. Hier fanden 1576 und 1588 die Sitzungen der Generalstände statt.

Im ersten Stockwerk werden die *Gemächer der Cathérine de Médici,* der Gattin des Königs Henri II, gezeigt, die von ihrem Sohn hierher verbannt worden war. Doch konnte sie sich trotz ihrer Beleibtheit eines Nachts mit einer Strickleiter in den Schloßgraben hinablassen und entfliehen. Die Wände des Kabinetts der Königin sind holzgetäfelt (237 geschnitzte Holztafeln). Hinter einigen dieser Tafeln sind Geheimschränke für Schmuck und – wie man glaubt – für Gifte angebracht.

Besichtigt werden die als Museum eingerichteten *Appartements* im Flügel *Louis XII* (Gemälde, Skulpturen und Mobiliar aus dem 15. bis 20. Jh.) und vor allem der Flügel *François Ier*. Der König ließ diesen Flügel um 1515, ein paar Jahre vor dem Baubeginn von Chambord, errichten. Die Fassade schmückt sein Wappenzeichen, der Salamander.

Im zweiten Stockwerk des *Flügels François Ier* befinden sich die Räume des *Königs Henri III,* die man über die „Treppe der 45" erreicht. Über diese Treppe sollen die 45 Männer gekommen sein, die den HerzogHenri de Guise auf Betreiben des Königs in der Chambre du Roi ermordeten.

Die ehemalige Benediktinerabtei Saint-Laumer, heute

Saint-Nicolas [4] in der Altstadt von Blois stellt eine ungewöhnlich harmonische Vereinigung von romanischen und gotischen Stilelementen dar. Ab 1138 errichteten die Mönche den Chor, das Querschiff und das erste Langhausjoch; die westlichen Teile stammen aus dem 13. Jh. Die im 17. und 18. Jh. neu erbauten Klostergebäude dienen seit der Zeit der Revolution vor allem als Krankenhaus. – Von der

Loire-Brücke [5], die Jacques Gabriel um 1720 in der Form eines Eselsrückens entworfen hat, blickt man empor zum Schloß und zur Kathedrale

Saint-Louis [6]. Der interessanteste Teil der spätgotischen Kathedrale ist die *Krypta,* der einzige Rest des romanischen Vorgängerbaus aus dem 10. und 11. Jh.

Hinter dem Chor liegt das ehemalige Bischofspalais, heute *Hôtel de Ville* (Rathaus). Dieser Bau wurde ebenso wie die prachtvollen Terrassengärten nach Entwürfen von Jacques Gabriel geschaffen.

Die *Rue Denis-Papin* endet nach einer Treppe bei dem Denkmal [7] dieses berühmten Sohns der Stadt. Der Physiker (1647–1710) ist mit einem Topf, dem Vorläufer des Dampfkochtopfes, dargestellt.

Die engen Gassen rund um die Kathedrale vermitteln dem Besucher heute noch in eindrucksvoller Weise das Bild einer mittelalterlichen Stadtlandschaft. Sehenswert ist in der *Rue Saint-Honoré* das prächtige

Hôtel d'Alluye [8]. Anfang des 16. Jhs. ließ sich der königliche Finanzminister dieses schmucke Stadthaus bauen. Den weitläufigen Hof umzieht ein Laubengang, geschmückt mit Medaillons römischer Kaiser.

PRAKTISCHE HINWEISE

🛈 Office de Tourisme, 3, av. J.-Laigret, F-41000 Blois.

🚗 Paris – Tours.

⛺ in Blois-les-Grouets, 4 km.

Ausflüge ab Blois s. S. 44.

**Tours

Tours (145 000 Einw.) ist eine der liebenswertesten und auch lebhaftesten Städte im Loire-Tal. Mit ihren zahlreichen Sehenswürdigkeiten lohnt Tours einen längeren Aufenthalt, als Verkehrsknotenpunkt und Touristenzentrum ist die Stadt ein idealer Ausgangspunkt für Fahrten in die Umgebung.

Mittelpunkt der Stadt ist die belebte *Place Jean-Jaurès,* an der das Hôtel de Ville (Rathaus) und das Palais de Justice (Justizpalast) liegen.

GESCHICHTE

Ihrem Ursprung nach ist Tours eine Römerstadt. Das Zentrum der römischen Siedlung, deren Name zuerst als Caesarodunum, später als Urbs Turonum (Stadt der Turonen) überliefert ist, lag auf dem linken Loire-Ufer, rund um die heutige Kathedrale. Die spätere Stadtgeschichte ist eng mit der Person des hl. Martin, dem berühmtesten Bischof der Stadt und Apostel Galliens, verbunden. Um sein Grab – westlich vor der Stadt – entsteht ein Marktflecken, der von der Römerstadt unabhängig ist und später Châteauneuf genannt wird. Die zahlreichen Wunder, die am Grab des Heiligen geschehen, führen dazu, daß Tours einer der wichtigsten Wallfahrtsorte des Mittelalters wird. Hier verkündet Chlodwig, der Gründer des Frankenreiches, daß er sich taufen lassen will. Seitdem ist der hl. Martin Schutzpatron der Franken.

Altstadt von Tours

Im 9. Jh. plündern und brandschatzen mehrere Male die Normannen den Wallfahrtsort. 1354 werden die beiden Ansiedlungen miteinander vereinigt und durch einen Mauerring befestigt. König Louis XI (1461–1483) residiert mit Vorliebe auf Schloß Plessis-lès-Tours. Er führt die Seidenfabrikation ein, die Tours rasch zu einer Stadt mit 80 000 Einwohnern anwachsen läßt. Als eine der Hochburgen der Hugenotten mußten die Anhänger der neuen Religion hier schwere Verfolgungen erleiden. Mit ihrer Abwanderung kommt auch die Seidenindustrie zum Erliegen, die einst blühende Stadt verarmt. Während des Zweiten Weltkriegs wird Tours schwer zerstört.

RUNDGANG

Man beginnt den Rundgang im Bereich der ehemaligen römischen Siedlung – rund um die Kathedrale.

An der *Place François-Sicard* liegt der Palast des Erzbischofs, in dem seit 1910 das

Musée des Beaux Arts [1] eingerichtet ist. Das Gemäuer des Gebäudes ist teilweise antiken Ursprungs, der Rundturm weist Reste der römischen Stadtbefestigung auf. Der größte Teil des Bischofssitzes ist aber ein Neubau des 17. und 18. Jhs. Das Museum, dessen Säle kostbar mit Holztäfelung und Damastbespannungen ausgestattet sind, gehört zu den besten seiner Art in der französischen Provinz. Es enthält Kunstwerke der zerstörten Schlösser Richelieu und Chanteloup, Arbeiten des Kunsthandwerks vom 17. bis 19. Jh., wertvolle Gemälde französischer und ausländischer Maler des 17. und 18. Jhs. sowie eine Sammlung moderner Malerei.

Vor dem Museum lädt ein gepflegter, schattiger in französischem Stil angelegter Garten, in dessen Mitte eine jahrhundertealte Libanonzeder steht, zu einer Rast ein.

Unmittelbar neben dem Museum steht

Saint-Gatien [2]. Trotz der langen Bauzeit (12.–16. Jh.) und der Verschmelzung der unterschiedlichsten Baustile präsentiert sich die Kathedrale als ein in sich geschlossener Baukörper. Der chronologische Ablauf der Stile läßt sich von der Apsis bis hin zur spätgotischen Fassade verfolgen.

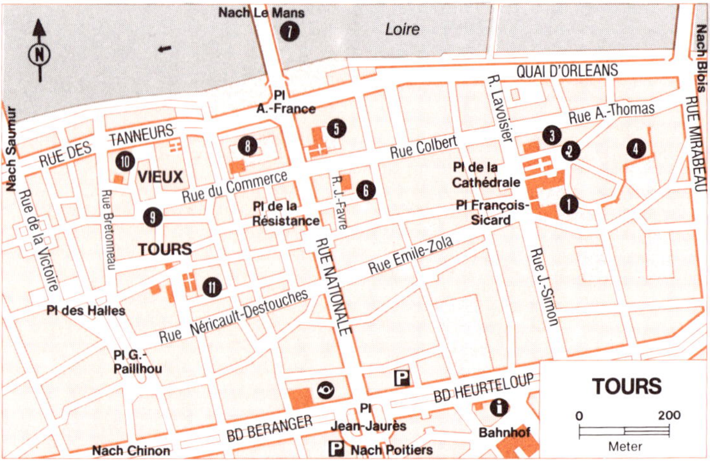

Berühmt sind die herrlichen Glasfenster: im Chor aus dem 13. Jh., die Fensterrosen des Querschiffs aus dem 14. Jh. In der ersten rechten Chorkapelle, die sich zum Querschiff hin öffnet, liegt das Renaissance-Grabmal der Kinder des Königs Charles VIII und der Anne de Bretagne.

Nördlich der Kathedrale schließt sich der *Kreuzgang* [3] an, dessen älteste Teile aus der Mitte des 15. Jhs. stammen. ‚La Psalette' wird er im Volksmund genannt, da hier die Kanoniker der Kathedrale und die Meister der Singschule sich auf den Gottesdienst vorbereiteten. – Wegen der Besichtigung muß man sich an den Küster wenden.

In dem Viertel hinter der Kathedrale entdeckt man Teile der *römischen Stadtmauer* und einen runden *Eckturm* [4] der Befestigung. Hier folgt die *Rue du Général-Meusnier* der Mauer der elliptischen Arena, die einst 12 000 Zuschauern Platz bot.

Die mittelalterliche *Rue Colbert* und die *Rue du Commmerce* – enge, lebhafte Einkaufsstraßen – führen vom Kathedralenviertel zur Altstadt um die Kirche Saint-Martin. An der Kreuzung der *Rue Colbert/Rue Nationale,* die heute die wichtigste Verkehrsader der Stadt ist, steht die ehemalige Abteikirche

St-Julien [5] aus dem 13. Jh., von deren romanischem Vorgängerbau noch der Turm erhalten geblieben ist. Im Schlafsaal der Mönche wurden das *Musée du Compagnonnage* (Museum der Handwerksgesellen) eingerichtet. Es enthält eine Sammlung alter und neuer Werkzeuge und viele Meisterstücke von Gesellen. In dem Weinkeller des Klosters (12. Jh.) bietet das *Musée des Vins de Touraine* einen Überblick über Geschichte, Bräuche und Kultur dieses berühmten Weinanbaugebiets.

Palais du Commerce [6]. Die Handelskammer *(Rue Jules-Favre)* wurde im 18. Jh. für die Kaufleute der Stadt erbaut. Besonders schön ist der reich verzierte *Innenhof.*

Südwestlich, in der 28, rue Nationale hat man Zugang zum *Jardin de Beaune-Semblancay,* in dem die Kapelle und die Fassade als Überreste des gleichnamigen Renaissance-Patrizierhauses stehen. Davor ist der aufwendig verzierte *Beaune-Brunnen* (1511) aufgestellt.

Nordwestlich von St-Julien beginnt an der *Place Anatole-France* der steinerne

Pont Wilson [7]. Im 18. Jh. hieß der Übergang *Pont de Pierre,* eine Bezeichnung, die sich bis heute erhalten hat. 1978 stürzte die alte Brücke ein, in der Zwischenzeit wurde sie aber wieder aufgebaut.

Wenn man zur *Rue du Commerce* zurückgeht, trifft man bei Nr. 35 auf das

Hôtel Gouin [8], eines der interessantesten Privathäuser der Altstadt. Obwohl vielfach restauriert, gibt es einen guten Eindruck von der Wohnkultur einer wohlhabenden Kaufmannsfamilie im 16. Jh. Heute dient es als Museum für antike, mittelalterliche und Renaissance-Kunst der Gegend.

Hôtel Gouin

Die Straße verläuft weiter zur malerischen

Place Plumereau [9], dem Mittelpunkt von Alt-Tours. Dieser Platz gilt als gutes Beispiel für die Sanierung alter Bausubstanz: Die historischen Fassaden – teils aus Fachwerk, teils aus Backstein (15.–17. Jh.) – wurden originalgetreu wiederhergestellt, die Innenräume modernem Wohnkomfort angepaßt.

Vom Platz weg führen kleine Gäßchen, an denen ebenfalls alte Fachwerkhäuser stehen. Bei einem Bummel wird man immer wieder durch verborgene, idyllische Hinterhöfe und Plätze überrascht, die liebevoll und gekonnt restauriert wurden. In den mittelalterlichen Häusern rund um den Platz gibt es zahlreiche Restaurants jeder Preisklasse und Nationalität.

Den Gang durch die Altstadt sollte man mit einem Besuch des

Musée du Gemmail [10] verbinden, das sich in der *Rue du Mûrier* (Nr. 7) im Hôtel Raimbault befindet. Die Ausstellung in dem schönen Haus aus der Zeit der Restauration (1825) führt in die besondere Technik der Gemmail-Arbeiten ein. Aus farbigem zerkleinertem Glas werden mehrschichtige Bilder gefertigt, durch künstliche Lichteffekte werden wunderbare Farbwirkungen erzielt. Bedeutende moderne Künstler haben in dieser Technik gearbeitet.

Basilique St-Martin [11]. Bereits im 5. Jh. wurde an dieser Stelle ein erstes Sanktuarium errichtet, das von den Normannen gebrandschatzt, im 11. und 13. Jh. neu erbaut wurde. Vom Bau des 13. Jhs., der wegen seiner Größe die Bewunderung der Zeitgenossen erregte, sind die restaurierte *Tour Charlemagne* und die *Tour de L'Horloge* erhalten. Der Trakt mit dem *Kreuzgang* wurde im 16. Jh. angefügt. Die neue Basilika wurde auf Drängen der französischen Bevölkerung 1878-1902 im romano-byzantinischen Stil errichtet. In ihrer *Krypta* liegt das Grab des Heiligen, das 1860 wiederentdeckt, heute vor allem am 11. November (Martinstag) Ziel zahlreicher Pilger ist.

PRAKTISCHE HINWEISE

🛈 Office de Tourisme, Place M.-Leclerq, F-37 042 Tours.

⚠ Parc de Grandmont.

⚠ Municipal, Saint Avertin.

AUSFLÜGE

Es lohnt sich, kleinere Fahrten in die Umgebung von Tours zu unternehmen. Im Südwesten der Stadt liegt das

Château de Plessis-lès-Tours. Louis XI ließ es sich ab 1463 errichten. Von der Anlage ist noch der Wohnflügel mit Treppenturm erhalten. Louis XI starb in diesem Turm.

Von dort aus erreicht man in Richtung Loire das ehemalige

Priorat (Prieuré) Saint-Cosme. Der Dichter Pierre de Ronsard (1524–1585) war sein bedeutendster Abt; er wurde hier beigesetzt. Von der alten Kirche und den Klostergebäuden haben der Chor mit Umgang und der Speisesaal der Mönche (12. Jh). die Revolution überdauert. In dem Haus des Priors (15. Jh., später umgestaltet) lebte und dichtete Ronsard während zwanzig Jahren. Seine Liebesgedichte machten ihn unsterblich. In einem der gepflegtesten Gärten der Touraine nahe der ehemaligen Kirche befindet sich sein Grab.

Nördlich von Tours, über die N 10 zu erreichen, liegt die

Grange de Meslay (6 km), eine der größten ehemals befestigten Zehntscheuern (um 1220). Sie gehörte zu einem Gut, das von den Mönchen von Marmoutier betrieben wurde. Neben der Scheuer, einem imposanten Bau, sind die Eingangspforte und Reste der Ringmauer erhalten. Die Scheuer, die von einem 17 m hohen Gebälk aus Kastanienholz abgeschlossen wird, bietet den Rahmen für die alljährlichen Sommer-Musikfestspiele.

*Saumur

Die Stadtansicht von Saumur (36000 Einw.) gehört zu den schönsten an der Loire. Als Zentrum eines der großen Weinbaugebiete gelangte die Stadt schon im Mittelalter zu Reichtum. Heute ist neben den Weinanbau die Champignonzucht getreten. Saumur ist Sitz einer Kavallerieschule und daher das traditionelle Zentrum der Reiterei. Die Reiterelite der französischen Armee, der ‚Cadre Noir', veranstaltet alljährlich im Juli Vorführungen beim *Carrousel de Saumur*.

GESCHICHTE

Die Grafen von Anjou und Blois streiten sich lange Zeit um den Besitz der Stadt. Zu Beginn des 13. Jhs., nun unter der Herrschaft der Grafen von Anjou, wird Saumur dem französischen Krongut einverleibt. In den Religionskriegen wird die Stadt eine Hochburg des Protestantismus (Hugenotten), ein wirtschaftlicher Aufschwung setzt ein. Die Aufhebung des Edikts von Nantes (1685) beendet den Wohlstand der Stadt: Zwei Drittel ihrer Bewohner wandern aus. Obwohl die Errichtung einer Kavallerieschule 1768 und der Weinhandel Saumur vor dem wirtschaftlichen Ruin bewahren, konnte sie sich doch nie ganz von diesem Schlag erholen.

RUNDGANG

Pont Cessart [1], die Brücke führt zur *Ile d'Offard* hinüber. Im südöstlichen Teil der Insel liegt das städtische *Stadion* mit Schwimmbad, Campingplatz und Jugendherberge. Von der Cessart-Brücke aus hat man den schönsten Blick auf die Stadt. Die *Rue Roosevelt*, im weiteren Verlauf dann *Rue d'Orléans*, führt zur *Place Maupassant* [2]. Von dort ist es nicht mehr weit zur Kirche

Notre Dame-de-Nantilly [3]. Der romanische Bau (erste Hälfte 12. Jh.) wurde unter Louis XI zwischen 1470 und 1483 im Flamboyant-Stil erweitert. Das *Oratorium* des Königs wird heute als Taufkapelle benutzt. Von den Ausstattungsstükken sind die Holzfigur der *Mutter Gottes mit Kind* (13. Jh.) und der große Schatz an *Wandteppichen* (15.–17. Jh.) besonders sehenswert.

Vorbei am *Jardin des Plantes* verläuft von der *Avenue du Dr.-Peton* eine ziemlich steile Rampe hinauf zum

Château [4]. Mehrere Befestigungsanlagen beherrschten im Lauf der Jahrhunderte schon vor dieser wehrhaften Schloßanlage den steilen Bergvorsprung.

Seine berühmteste Abbildung ist die der Brüder Limburg im ‚Stundenbuch' des Herzogs von Berry. Der Bau wurde im 14. Jh. begonnen und im 16. Jh. stark verändert. Das ursprünglich vierflügelige Schloß (der Nordflügel stürzte ein) war im 17. Jh. Residenz der Gouverneure von Saumur und diente später als Staatsgefängnis, Kerker und Kaserne. Vom west-

Saumur, Befestigungsanlage

lichen Eckturm aus bietet sich ein prachtvoller Blick auf die Stadt und den Fluß. Heute sind im Schloß zwei Museen untergebracht:

Musée des Arts Décoratifs (Kunstgewerbe) mit Werken aus Mittelalter und Renaissance sowie einer Sammlung von Fayencen, Porzellan und Wandteppichen. Pferdeliebhaber kommen im *Musée du Cheval* auf ihre Kosten. Eine Sammlung von Reiterausrüstungen, ergänzt durch eine Serie historischer Stiche, lassen die Geschichte dieses edlen Sports lebendig werden. – Eine Seite des Platzes wird von der Kirche

St-Pierre [5] eingenommen, einem romanischen Bau aus dem frühen 13. Jh., dessen Fassade im 17. Jh. neu erbaut wurde. Durch das romanische Portal des rechten Querschiffs betritt man das Innere. Ein Zyklus von Wandteppichen des 16. Jhs. stellt Szenen aus dem Leben des hl. Petrus und des hl. Florent dar.

An der *Place de la République* steht das Rathaus

Hôtel de Ville [6], das ursprünglich in die Stadtmauer miteinbezogen war und direkt am Fluß lag. Nur der linke, wehrhafte Gebäudeteil stammt aus dem 16. Jahrhundert.

UMGEBUNG

Südlich des Stadtzentrums (2 km) steht mitten in der Ortschaft **Bagneux** der *Grand Dolmen*, das bedeutendste Megalith-Bauwerk des Anjou. Es handelt sich um ein Ganggrab (20 m lang, 7,5 m breit und 3 m hoch). Die aufrecht stehenden Steinplatten reichen 3 m tief in den Boden hinein. Die Reste der gallo-römischen *Thermen* erinnern an die Geschichte des Orts.

PRAKTISCHE HINWEISE

🛈 Office de Tourisme et des Vins, 25, rue Beaurepaire, F-49400 Saumur.

Paris–Angers–Tours.

„Hostellerie le Prieuré", Chênehutte-les-Tuffeaux.

„Roi René", 94, av. Gén.-de-Gaulle; „Anne d'Anjou", 32, quai Mayand.

△ auf der Ile d'Offard.

*Angers

Die Hauptstadt (47 m; 185 000 Einw.) des Departements Maine-et-Loire hat eine Universität seit 1551, ist Bischofssitz, eine vielseitige Industrie- und Handelsstadt und ein wichtiges Fremdenverkehrszentrum. Die Stadt liegt unterhalb des Zusammenflusses von Mayenne, Sarthe und Loir, die etwa 8 km südwestlich von Angers als Maine in die Loire münden.

GESCHICHTE

Die Ansiedlung der gallischen Andegaver entwickelt sich in römischer Zeit zur Stadt Juliomagus. 471 wird sie von den Franken erobert. Vom 10. Jh. an untersteht sie einem Grafengeschlecht, das sich später Plantagenet nennt und mit Henri d'Anjou-Plantagenet 1154 auf den englischen Thron gelangt. Angers wird zweite Hauptstadt des englischen Reichs, zu dem weite Teile Frankreichs gehören. 1259 fällt Angers mit der Grafschaft Anjou an die französische Krone. 1351 wird das Anjou zum Herzogtum erhoben, aber bereits 1481 wieder mit der Krone vereinigt. Im 18. Jh. gelangt Angers mit dem Anjou durch seine Textilindustrie zu großem Wohlstand.

Heute spielt der Weinbau eine wichtige Rolle im Wirtschaftsleben. Jährlich findet während der beiden letzten Januarwochen ein Weinmarkt statt, der Kenner und Händler von überall anzieht.

RUNDGANG

Ausgangspunkt des Rundgangs ist die *Place de Ralliement* im Zentrum der Stadt. Nördlich des Platzes steht an der Ecke *Rue Lenepveu* und *Rue de l'Espine* der Renaissance-Bau

Logis Pincé [1]. In dem Palast, erbaut von dem reichen Patrizier Jean Pincé, ist heute das *Musée Turpin de Crissé* untergebracht. Neben einer umfangreichen griechischen und etruskischen Sammlung sind Keramiken, japanische und chinesische Kunstgegenstände (Stiche und Tanzmasken) sowie europäische Stiche zu sehen.

Von der *Place du Ralliement* verläuft die *Chaussée St-Pierre*. Von dort zweigt die *Rue Chaperonnière* zur *Place Sainte-Croix* ab. Zwischen den Straßen *Chaperonnière* und *Montault* liegt die

Maison d'Adam [2], das wohl schönste Fachwerkhaus der Stadt (15. Jh.). Die viergeschossige Fassade ist mit originellen und deftigen Schnitzereien geschmückt.

An der Nordwestseite der *Place Sainte-Croix* erhebt sich dann die

Cathédrale Saint-Maurice [3], zu deren Vorplatz, dem *Parvis Saint-Maurice*, man über die *Place Freppel* gelangt. Gegenüber dem Vorplatz führt eine moderne Treppenstraße *Montée Saint-Maurice* hinunter ans Ufer der Maine.

Die gotische Kathedrale (12. und 13. Jh.) hatte ursprünglich eine Zweiturmfassade. Der kuppelgekrönte *Mittelturm* wurde erst 1535 hinzugefügt. Auf seiner Spitze das angevinische Kreuz, das als „Lothringer Kreuz" Symbol des Widerstands gegen die Nazi-Herrschaft wurde.

Die Gewände des *Portals* sind mit den Statuen biblischer Personen geschmückt; im Tympanon sind Christus und die Symbole der vier Evangelisten dargestellt, eingefaßt von einem Engelsreigen und der Darstellung der 24 Ältesten der Apokalypse. Über dem Mittelfenster stehen in Nischen die Statuen des hl. Mauritius und seiner Gefährten. Der wertvollste Teil der *Innenausstattung* der einschiffigen Kathedrale (mit über 16 m ist dieses Schiff das breiteste aller französischen Kathedralen) sind die Glasmalereien: Die an der linken Seite des Langhauses sind aus dem späten 12. Jh., die des Chors aus dem 13. Jh., die

Cathédrale St-Maurice, Gewände

der Fensterrosen des Querschiffs aus dem 15. Jh., die der übrigen Fenster des Querschiffs aus dem 16. bis 18. Jh. Einen modernen Beitrag bilden die Glasmalereien der Chapelle Notre-Dame-de-Pitié (rechte Seitenkapelle des Langhauses). In der linken Seitenkapelle des Langhauses befindet sich der Kirchenschatz.

In dem von den Straßen *du Chanoine-Urseau* und *de l'Oisellerie* gebildeten Winkel steht das ehemalige *Bischöfliche Palais* [4], ein Gebäude, das noch Bauteile aus dem 11./12. und 15./16. Jh. aufweist. Beachtenswert sind die Häuser (16. Jh.) der Haus-Nr. 5 und 7 der *Rue de l'Oisellerie*.

Von der *Place Sainte-Croix* verläuft die *Rue St-Aubin* nach Südosten. Nahe der Kreuzung mit der *Rue St-Martin* stehen: die *Chapelle St-Martin* (12. Jh.; Reste einer karolingischen Kirche; Zugang von Nr. 17, rue St-Martin); die *Préfecture* [5], ehemalige Abtei Saint-Aubin, von deren romanischen Bauteilen vor allem einige reich geschmückte Arkaden erhalten sind (wegen der Besichtigung wendet man sich an den Concierge); an der *Rue des Lices* die *Tour St-Aubin* (12. Jh.), der Glocken- und Wachtturm der einstigen Abtei St-Aubin. – Hinter diesem Turm liegt an der *Rue du Musée* das

Logis Barrault [6] (15. Jh.), das heutige *Musée des Beaux-Arts*. Neben Gemälden (hauptsächlich der französischen Schule des 18. Jhs.) besitzt das Museum vor allem das Gesamtwerk des Bildhauers *David d'Angers* (1788–1856) in Originalen und Kopien (bis auf wenige Ausnahmen).

Die *Rue Toussaint* mündet in die *Place du Château* ein. Das

Château [7] steht in einem unregelmäßigen Mauerfünfeck mit 17 Türmen, die 40 bis 50 m hoch sind (Zugang von der *Promenade du Bout-du-Monde*).
Der Mauerring wurde 1230–1240 erbaut. Zu Beginn des 15. Jhs. wurden innerhalb des Rings das *Logis Royal*, die *Chapelle*, das *Châtelet* und das *Logis du Gouverneur* errichtet. An das Châtelet wurde

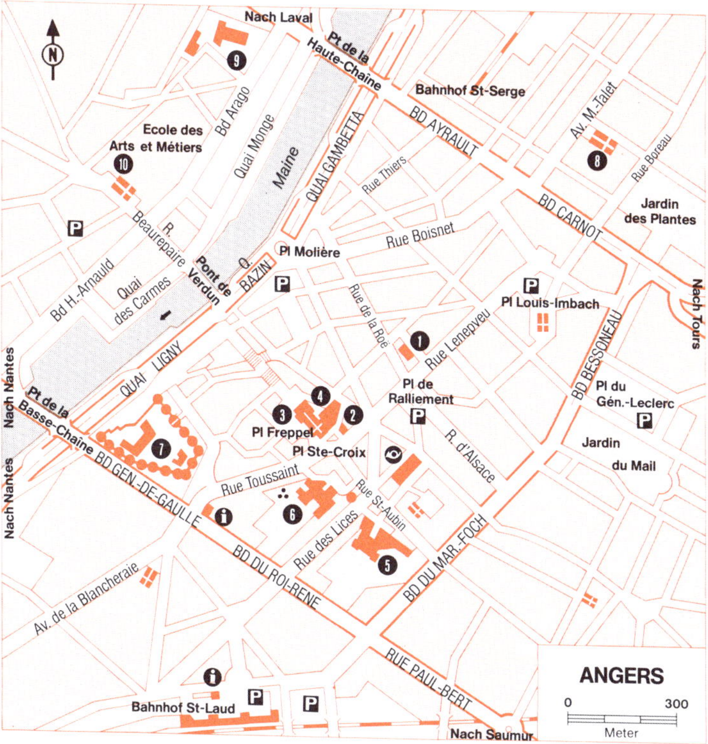

Portalturm im Schloßhof

1953 die zweiflügelige *Galerie des Tapisseries* angebaut, das Kernstück des *Musée des Tapisseries.* In der Gallerie befindet sich die ***Tapisserie de l'Apocalypse,* ein ursprünglich 168 m langer Wandbehang mit Darstellungen zur Apokalypse des Apostels Johannes, 1373–1380 nach Plänen des Hofmalers Hennequin von Brügge von dem Pariser Teppichknüpfer Nicolas Bataille geschaffen. Die ‚Apokalypse' ist sicher der älteste der erhaltenen Zyklen von Teppichen in Frankreich. Weitere hervorragende Wandteppiche sind in der *Logis Royal* ausgestellt (nur mit Führung zugänglich): der flämische *Passionswandbehang* (16. Jh.), die *Dame mit der Orgel* (16. Jh.), *Penthesilea,* die Königin der Amazonen, und Szenen aus dem Leben des hl. Martin.

Zur Besichtigung der übrigen Sehenswürdigkeiten empfiehlt es sich, wegen der großen Entfernungen, ein Taxi zu nehmen. In der Nähe des Jardin des Plantes liegt an der *Place du Chanoine-Bachelot* die Kirche *Saint-Serge* [8], deren Chor (frühes 13. Jh.) ein hervorragendes Beispiel reinster angevinischer Gotik ist.

Auf dem Weg *Avenue Marie-Talet, Boulevard Ayrault* und *Pont de la Haute-Chaîne* kommt man in das rechts der Maine gelegene Altstadtviertel *La Doutre,* was soviel wie „jenseits des Flusses" bedeutet. Vor allem die Place de la Laiterie bewahrt noch einen schönen Bestand alter Fachwerkhäuser. Im Norden des Viertels liegt am *Boulevard Arago* das ehemalige **Hospital Saint-Jean** [9]. Die aus *Krankensaal, Kreuzgang, Kapelle, Apotheke* und *Wirtschaftsgebäude* bestehende reizvolle Gruppe von Bauten wurde von 1174 bis 1185 errichtet. Als das älteste Krankenhaus Frankreichs geht das Hospital auf eine fromme Stiftung des Königs Henri II zurück, der durch den Bau Absolution vom Mord an Thomas Becket zu erlangen hoffte. Bis ins 19. Jh. diente der Bau seiner ursprünglichen Bestimmung. Besonders eindrucksvoll ist der 60 m lange und gut 22 m breite, dreischiffige ehemalige Krankensaal, in dem sich der zehnteilige, insgesamt 80 m lange Wandteppich **Chant du Monde* befindet, den Jean Lurçat (1892–1966), angeregt von der ‚Tenture de l'Apocalypse' (s. oben), geschaffen hat.

Zu den Versorgungsgebäuden des Hospitals gehört ein mächtiger Kornspeicher des 12. Jhs., in dessen Untergeschoß, das ganz aus dem Felsen gehauen ist, heute ein kleines Weinmuseum eingerichtet ist.

Am *Boulevard Arago* schließt sich nach Südwesten der *Boulevard du Ronceray* (rechts die ehemalige Abtei Ronceray, heute Ecole des Arts et Métiers) an, der an der Rue Beaurepaire endet.

Von den alten, an der *Rue Beaurepaire* stehenden Häusern ist das Nr. 67 besonders beachtenswert. Es wurde 1582 für einen Apotheker gebaut. Nach Nordwesten zu endet die Rue Beaurepaire an der *Eglise de la Trinité* [10] (12. Jh.; Glockenturm aus dem 16. Jh.), von der aus man Zugang zur Krypta (11. Jh.) der ehemaligen Abteikirche Notre-Dame du Ronceray (bronzene Marienstatue aus dem 13. Jh.; Pietà aus dem 15. Jh.) hat.

PRAKTISCHE HINWEISE

ℹ Office de Tourisme, Place Kennedy, F-49 023 Angers.

🚗 Paris, Tours, Nantes.

🏨🏨🏨 „Concorde", 18, bd Foch; „D'Anjou", 1, boulevard du Maréchal-Foch.

🏨🏨 „France"(mit Restaurant „Plantagenets"), 8, place de la Gare; „Progrès",34, rue D.-Papin; „Champagne", 17, place Sémard; „Europe", 3, rue Château-Gontier.

🏨 „Avenue", 9, rue J.-Bodin; „Ducs d'Anjou", 19 rue Bodinier.

⛺ Rue Darwin.

⛺ Parc de la Haye/Lac de Maine.

Nantes

Die Hauptstadt (als Ballungsgebiet rund 500 000 Einw.) des Departements Loire-Atlantique liegt vorwiegend am Nordufer der Loire, gegenüber der Mündung der Sèvre in die Loire und rund 50 km östlich der Mündung der Loire in den Atlantik. Sie ist Sitz eines Bischofs und einer Universität sowie eine der wichtigsten Hafenstädte Frankreichs.

GESCHICHTE

Nantes geht auf eine Ansiedlung der keltischen Namneter zurück (daher der Name der Stadt), die in römischer Zeit ein Handels- und Verwaltungszentrum wird und bereits im 3. Jh. eine christliche Gemeinde hat. Nach dem Ende der römischen Herrschaft erobern die Franken die Stadt. 843 wird sie von den Normannen eingenommen. Nach jahrhundertelangen Kämpfen zwischen den Grafen (später Herzögen) der Bretagne (Nantes war die größte Stadt der historischen Landschaft Bretagne) und den Königen von Frankreich fällt Nantes 1488 durch die Heirat der Erbtochter Anne de Bretagne mit König Charles VIII endgültig an die französische Krone. 1598 erläßt König Henri IV das berühmte Edikt von Nantes, das den Religionskrieg beendet. Ihre Blütezeit erlebt die Hafenstadt im 17. und 18. Jh. durch den Handel mit Indien und Afrika (Gewürze, Elfenbein, Sklaven). 1789 schließen sich die Bürger der Stadt begeistert der Französischen Revolution an. Der Revolutionär Carrier errichtet ein Schreckensregiment, das wegen der ‚Noyades' (Ertränkungen) berüchtigt ist. Mit der Abschaffung des Sklavenhandels, durch Handelsblockaden und die Versandung der unteren Loire verliert Nantes seine ursprüngliche Bedeutung, bis im 19. Jh. St-Nazaire als „Ersatz" gebaut wird. Im September 1943 erlebt Nantes die schwersten Luftangriffe der Alliierten; rund 5000 Gebäude werden vernichtet oder schwer beschädigt. 1962 erhält Nantes wieder eine Universität (die erste wurde 1460 gegründet).

RUNDGANG

Im Südosten der Altstadt liegt – von allen Seiten her leicht erreichbar – das von Gräben umgebene

Château Ducal [1], das ehemalige Schloß der Herzöge der Bretagne und Geburtshaus der oben erwähnten Anne de Bre-

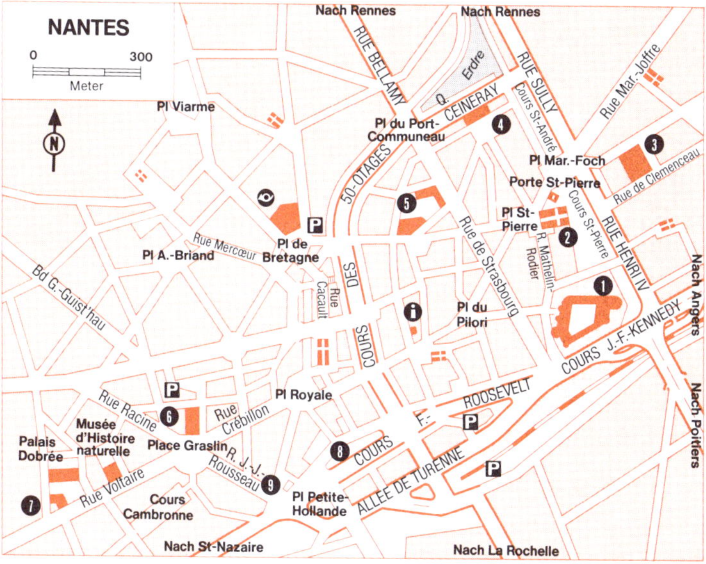

Nantes, Place du Change

tagne. Das Schloß stammt im wesentlichen aus dem 15. Jh. (später Veränderungen und Erneuerungen). Die sehenswertesten Gebäude sind: das *Grand Gouvernement*, das das herzogliche Palais im engeren Sinne war, und in dem das *Musée d'Art populaire régional* (bretonisches Volkskundemuseum) untergebracht ist; die *Tour de la Couronne d'Or*, das *Grand Logis*, das mit Renaissance-Dacherkern geschmückt ist und in dem sich das *Musée des Arts décoratifs* (dekorative Kunst und kleine Napoleon-Sammlung) befindet; im Ostteil des Innenhofs der *Harnachement* (1784) mit dem *Musée de la Marine* (Geschichte der Schiffahrt und Fischerei von Nantes, Sklavenhandel und anderes).

Über die *Rue Mathelin-Rodier* erreicht man die ab 1434 gebaute gotische Kathedrale.

Saint-Pierre [2]. Sie wurde 1944 durch Bomben (Restaurierung 1971) und 1972 durch ein Großfeuer (Restaurierung beendet) beschädigt. Ihr bedeutendstes Kunstwerk ist das im Querschiff stehende *Renaissance-Grabmal* für den Duc de Bretagne François II und seine Gattin (1502–1507 von Michel Colombe geschaffen).

Auch in der näheren Umgebung der Kathedrale ist das 15./16. Jh. noch präsent. Im Süden die *Psallette* (ehemals Kanonikerhaus und Singschule), im Norden der Rest der alten Stadtbefestigung *Porte St-Pierre* sowie nordöstlich der Kathedrale an dem *Cours St-André* und dem *Cours St-Pierre* Holz- und Schieferhäuser aus dem 15. und 16. Jh. – Auf diesem Weg gelangt man auch zum

Musée des Beaux Arts [3] (10, *rue Georges Clémenceau*). Zu den sehenswertesten Abteilungen gehören ein Saal mit drei großen Gemälden des Malers Georges de la Tour sowie der Kandinsky-Saal.

Für diejenigen Besucher, die sich vor allem für die Blütezeit der Stadt interessieren, empfiehlt sich der weitere Weg vorbei an der *Préfecture* [4] im ehemaligen ‚Chambre des Comtes de Bretagne' zum *Hôtel de Ville* [5] (Rathaus: Mitteltrakt 17. Jh., Flügelbauten 19. Jh.) oder zum weiter entfernten Viertel um die *Place Graslin*. Als Kontrast sollte man den Weg dorthin über die *Rue Crébillon*, der beliebtesten „Bummelstraße" der heutigen Bewohner, wählen. Direkt an dem Platz steht das klassizistische *Grand Théâtre* [6]. – Zu beiden Seiten des *Cours Cambronne* (Gartenanlagen) sind noch viele Häuser mit Pilastern und Säulen aus dem 18. Jh. zu bewundern. Dem berühmten Dichter Jules Verne, der in dieser Stadt geboren wurde, hat man das gleichnamige *Musée Jules-Verne* [7] in der Rue de l'Hermitage gewidmet. Weitere wichtige Zeugnisse des Handels und der Wirtschaft liegen auf dem Rückweg zum Schloß rund um die *Place du Commerce* [8]: das Reeder-Viertel mit der Börse (18./19. Jh.), Bürgerhäusern an der *Place de la Bourse* [9] und in der *Allée Brancas*, deren Bauwerke den einstigen Reichtum dieser Stadt widerspiegeln.

PRAKTISCHE HINWEISE

ⓘ Office de Tourisme, Pl. du Commerce, F-44005 Nantes.

✈ Aéroport International Nantes-Atlantique.

TGV Paris-Nantes.

Fahrten im Tal der Erdre (Kreuzfahrten, Rundfahrten mit Mittag- oder Abendessen). – ⓘ 24, quai de Versailles.

„Astoria", 11, rue de Richebourg; „Pullmann Beaulieu", 3, rue du Docteur-Zamenhof; „Sofitel", 2, bd. Millerand.

„Cholet", 10, rue Gresset; „Grand Hôtel de Nantes", 2, rue Santeuil.

Val du Cens.

Rundfahrten ab Orléans

1. BEAUGENCY – LA SOURCE (61 km)

Am rechten Ufer der Loire gelangt man zunächst nach

Meung-sur-Loire (4500 Einw.), 18 km, dem Geburtsort des Jean de Meung, der um 1280 den Rosenroman des Guillaume de Lorris wiederaufgenommen und vollständig umgeschrieben hat. Dieses didaktische Werk voller Allegorien legte die Regeln der höfisch-aristokratischen Liebe fest. Das *Schloß*, das im 13. Jh. errichtet und mehrfach umgebaut wurde, diente den Bischöfen von Orléans bis ins 18. Jh. als Residenz. Im Innern sind das Verlies sowie eine unterirdische Kapelle und einige ausgestattete Räume zu besichtigen. Die Kirche *St-Liphard* stammt aus dem 11.–13. Jh. – In

Beaugency (6800 Einw.), 25 km, führt eine 440 m lange, zum Teil noch gotische *Brücke* mit ihren 22 Bogen über die Loire. Bis zur Neuzeit war dies der einzige Übergang über den Fluß zwischen Orléans und Blois. 1429 befreite Jeanne d'Arc die Stadt von den Engländern.

Die meisten Baudenkmäler liegen um die *Place Saint-Firmin*, die von der Ruine des fünfgeschossigen Wehrturms, der *Tour de César* (11. Jh.) beherrscht wird. Die Festungsanlage, die zu einer der mächtigsten jener Zeit gehörte, wurde geschleift, die Reste im Zweiten Weltkrieg noch einmal bombardiert. In dem benachbarten *Schloß* (14./15. Jh.) ist das Heimatmuseum ‚Musée des Arts et Traditions de l'Orléanais' untergebracht. Gegenüber steht die ehemalige Abteikirche *Notre-Dame* (12. Jh., im 17. Jh. restauriert). Sehenswert sind die hölzernen Scheingewölbe des Innenraums. In der *Rue du Change*, die durch den Uhrturm, ein Rest der mittelalterlichen Stadtmauer, führt, steht das *Hôtel de Ville* (Rathaus) mit seiner reichen Renaissance-Fassade.

ⓘ Office de Tourisme, 28, place du Martroi, F-45190 Beaugency.

Am anderen Ufer der Loire liegt

Cléry-St-André (2000 Einw.), 37 km, mit der Stiftskirche *Notre-Dame* im spätgotischen Flamboyant-Stil. Die Basilika wur-

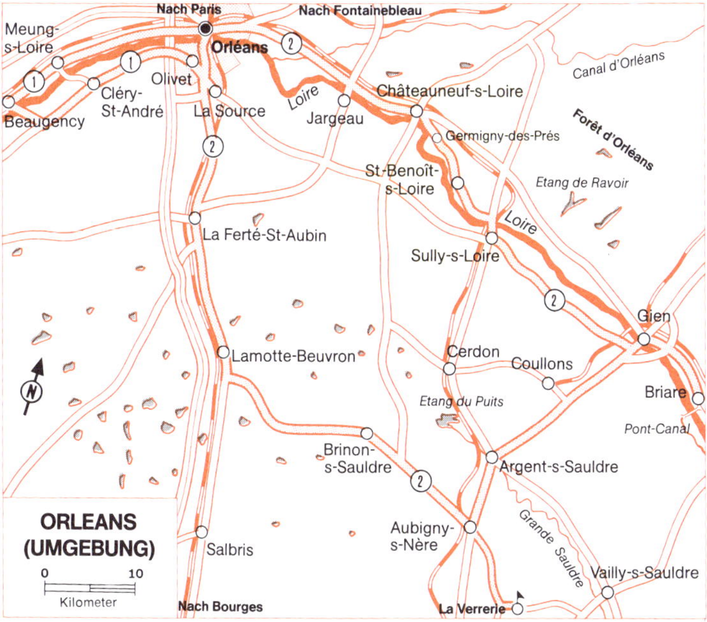

de aufgrund eines Gelübdes unter König Louis XI im 15. Jh. an der Stelle einer von den Engländern zerstörten Wallfahrtskirche (von ihr stammt noch der Turm) errichtet. Im Mittelschiff befindet sich der Kenotaph Ludwigs, ein Prachtgrab. Die Gebeine des Königs und seiner zweiten Frau, Charlotte von Savoyen, ruhen in dem Grab unter der letzten Arkade des Kirchenschiffs. Im rechten Seitenschiff der Renaissance-Kapelle steht eine Holzstatue des hl. Jacobus neben anderen Heiligenfiguren. Die Ausstattung macht deutlich, daß Cléry-Saint-André eine der mittelalterlichen Stationen auf dem Pilgerpfad zum fernen Santiago de Compostela in Spanien war.

Orléans, 61 km.

2. DURCH DAS ORLEANAIS UND DIE **SOLOGNE (198 km)

Die Rundfahrt führt entlang der Loire zu einer der ältesten Kirchen Frankreichs, dann zu einem seiner großen Mönchskonvente und schließlich zu einem technisch kühnen „Ingenieur-Bauwerk" des 19. Jhs.

Man verläßt Orléans in östlicher Richtung auf der N 60.

Châteauneuf-sur-Loire (5700 Einw.), 25 km. Im heutigen *Hôtel de Ville* (Rathaus), das in einem Teil des ehemaligen Schlosses untergebracht ist, befindet sich das ‚Musée de la Loire' (Museum der Loire-Schiffahrt). Ein Spaziergang durch den 40 ha großen Schloßpark lohnt vor allem im Frühsommer zur Zeit der prachtvollen Blüte der üppigen Rhododendronkulturen (Pfingstsonntag: Rhododendronfest). Bei einem kurzen Besuch der Kirche *St-Martial* entdeckt man das Marmorgrabmal des Louis Phélypeaux, ein Werk des römischen Barock. – Nur wenige Kilometer weiter liegt

****Germigny-des-Prés,** 29 km, dessen *Kirche* einmalig in Frankreich ist. Das frühromanische Oratorium (Weihe wahrscheinlich 806), durch Theodulf, einen Berater Karls des Großen, errichtet, hat ein griechisches Kreuz zum Grundriß. In der Wölbung der östlichen Apsis entdeckte man 1840 ein Mosaik aus der Gründungszeit.

****Saint-Benoît-sur-Loire** (1800 Einw.), 35 km. Die Geschichte der Abteikirche ist eng mit dem Begründer des abendländischen Mönchtums, Benedikt von Nursia, verbunden. Nach der Zerstörung des Klosters Montecassino in Süditalien durch die Normannen wurden die Gebeine des hl. Benedikt um 672 nach Fleury überführt. Die kostbaren Reliquien, die noch heute in der Krypta der Abteikirche ruhen, zogen Scharen von Pilgern und Wallfahrern an. Sie brachten dem Kloster Reichtum und Ansehen.

St-Benoît-sur-Loire, Portalturm

Die *Basilika* zählt zu den bedeutendsten romanischen Klosterkirchen Frankreichs und entstand zwischen 1067 und 1218. Der monumentale, eindrucksvolle Eingangsbau drückt die geistige Überlegenheit dieser Abtei aus. Zweiteilig im Aufbau, nach drei Seiten offen, erhebt sich die ungewöhnliche Konstruktion, deren heutiges Zeltdach mit Glockenstuhl aus dem 17. Jh. stammt. Unter- und Obergeschoß sind reich mit ausdrucksvollen Kapitellen geschmückt. Das Schiff, 1150 begonnen, spiegelt den Übergang zur Gotik wider. Der helle Stein, in Nevers gebrochen, verstärkt den gewaltigen räumlichen Eindruck. Den architektonischen Höhepunkt bildet allerdings der Chor, dessen Fußbodenmosaik aus Marmor ein Werk der Römerzeit (4. und 5. Jh.) ist.

Man sollte den Besuch nach Möglichkeit so einrichten, daß man dem Gottesdienst der Mönche mit dem gregorianischen Chorgesang beiwohnen kann (wochentags: 8, 12, 14.30, 18.20, 21 Uhr, Konventmesse 12 Uhr). – Nach

***Sully-sur-Loire** (5000 Einw.), 43 km, gelangt man über eine moderne Stahlbetonbrücke. Die ruhige Kleinstadt verdankt ihren Ruhm dem Finanzminister des Königs Henri IV, Maximien de Béthune, den dieser zum Herzog von Sully erhob. Er modernisierte die Stadt, vergrößerte und verschönerte vor allem das mittelalterliche *Wasserschloß*. Hier fand später auch der Freigeist Voltaire Zuflucht, als er wegen seiner Spottgedichte aus Paris verbannt wurde.

Besonders erwähnenswert sind die ‚Salle des Gardes' (Wachsaal im Erdgeschoß), der gewaltige Saal im ersten Stock, in dem Voltaire einige seiner Stücke aufführen ließ, und die Balkendecke des zweiten Obergeschosses. Das Gebälk in Form eines umgekehrten Schiffsrumpfes mußte seit dem Jahr seiner Entstehung (1363) kaum restauriert werden. Er gilt als einer der schönsten mittelalterlichen Dachstühle.

Gien (15 000 Einw.), 66 km, lohnt vor allem für die Besucher, die die Leidenschaft der Franzosen teilen: die Jagd. In dem Schloß aus dem 15. Jh. ist das *Musée International de la Chasse* untergebracht.

Außer Nevers (s. S. 42) ist Gien noch heute ein Zentrum der Fayence-Industrie. – In

***Briare** (6000 Einw.), 78 km, trifft man auf ein Meisterwerk neuzeitlicher Architektur: Hier ließ Henri IV den berühmten Kanal bauen, der die Seine mit der Loire verbindet. Über die Loire hinweg führt die kühne Brückenkonstruktion *Pont du Canal*, die 1890 nach Plänen von Gustave Eiffel gebaut wurde. Durch den Kanal wurde den Lastkähnen und Hausbooten die Überquerung der Loire zwischen dem Seitenkanal der Loire und dem Kanal de Briare ermöglicht. Mit mehr als 700 m Länge, vollständig aus Eisen gebaut, ist die Brücke eine einzigartige „Wasserstraße".

*Sologne

Die Rückfahrt nach Orléans führt durch das flache, sanfte Heideland der Sologne, dem Gebiet zwischen Loire und Cher: 500 000 ha praktisch unbebautes, sandiges Land, bedeckt von Wäldern und Seen. Die Sologne ist eine melancholische Landschaft, die besonders im Herbst von herbem Reiz ist.

Ein Aufenthalt in der Sologne lohnt sich für alle, die Ruhe und Erholung abseits der großen Touristenattraktionen suchen, aber auch für Feinschmecker. Wild und Fische gibt es hier im Überfluß, die Wälder sind voll von Pilzen. Unvergeßliche Köstlichkeiten findet man unter den Desserts. In *Gien* zweigt die D 940 Richtung *Argent-sur-Sauldre* ab. Im Nordwesten des Ferienortes liegt der

Etang du Puits, 103 km, ein 175 ha großer See mit weitläufigem Badestrand. Nur wenige Kilometer sind es bis nach

Aubigny-sur-Nère (5500 Einw.), 118 km, eine kleine Ortschaft mit einer Reihe gut erhaltener Fachwerkhäuser aus dem 16. Jahrhundert.

Von hier aus lohnt ein Ausflug zum südöstlich gelegenen Schloß

La Verrerie (10 km), das der Schotte John Stuart im 15. Jh. am Rande des *Forêt d'Ivoy* errichten ließ. Da sich die Stuarts im Hundertjährigen Krieg mit dem französischen König gegen die Engländer verbündet hatten, wurden ihnen der Ort Aubigny und die umliegenden Gebiete überlassen. Besonders sehenswert sind die Kapellenfresken (um 1525) und die elegante Renaissance-Galerie.

Weitere Ziele in der Sologne liegen in der Nähe von *Nouan-le-Fuzelier*, das man in westlicher Richtung über die D 13 und D 122 erreicht. Ab hier führt die D 93 nach

St-Viâtre, 157 km, das völlig einsam in einem ausgedehnten Seengebiet liegt. Hierher kamen früher die Bewohner der Sologne, um vom hl. Viâtre Schutz vor Fieberseuchen zu erflehen. Aufgrund der riesigen Wasserflächen kam es immer wieder zu Epidemien, die die Landschaft entvölkerten, bis Napoléon III weite Landstriche trockenlegen ließ.

Die *Kirche* St-Viâtre hat eine Krypta aus dem 11. Jh. bewahrt. Vier Tafelbilder (16. Jh.) stellen Szenen aus dem Leben Jesu und der Heiligen dar.

Feinschmecker sollten einen Besuch in

Chaumont-sur-Tharonne, 168 km, auf keinen Fall versäumen. In einem der typischen Landhäuser der Sologne wird eine der besten Küchen der Gegend gepflegt. Es ist Tradition, daß hier seit 1779 eine Frau die Küche führt. Man gelangt in das gepflegte Restaurant durch die Küche, wo man mit Madame und ihren ausschließlich weiblichen Köchen plaudern kann. Als besondere Spezialität des Hauses gilt die ‚Tarte Tatin', ein warmer karamelisierter Apfelkuchen.

Hôtel-Restaurant La Croix-Blanche,
F-41 600 Chaumont-sur-Tharonne.

Über *la Ferté-St-Aubin* kehrt man nach

Orléans, 198 km, zurück.

Rundfahrten ab Bourges

1. DURCH DAS BERRY (110 km)

Diese Route führt in das südlich von Bourges gelegene Berry und verläuft teilweise entlang des Cher. Die wesentlichen Sehenswürdigkeiten dieser Rundfahrt liegen in der Nähe von Saint-Amand-Montrond.

Über die N 76 und die D 10 gelangt man nach

Meillant (188 m; 800 Einw.), 47 km. Das *Château von Meillant spiegelt augenfällig die Entwicklung der Architektur zwischen dem 13. und 15. Jh. wider. Mit dem Bau seiner Westfassade, noch ganz im wehrhaften gotischen Stil gehalten, wurde 1284 begonnen. Unter seinem neuen Besitzer, dem Grafen von Amboise, wurde das Schloß ab 1428 in einen Wohnsitz der Frührenaissance umgestaltet. Auf das Haus Amboise geht vor allem die aus der Hoffassade vorspringende *Tour du Lion* zurück. An ihr werden deutlich italienische Einflüsse sichtbar, der Architekt wurde aus Rom hierher gerufen. Die *Innenräume* sind reich ausgestattet: Tapisserien aus Brügge und Aubusson, Tapeten aus Cordobaleder; die *Kapelle* schmücken Glasmalereien aus dem 16. Jh. und ein Altaraufsatz aus bemaltem Holz einer rheinischen Schule des 15. Jhs.

Saint-Amand-Montrond (162 m; 12000 Einw.), 55 km, hat seinen Namen von der im Südosten gelegenen romanischen Kirche *St-Amand* (12. Jh.) und von dem Hügel *Mont Rond* (Runder Berg), auf dem eine Burg (Ruinen) gestanden hat. Sehenswürdigkeiten befinden sich nur in der engeren Umgebung der Stadt.

11 km südöstlich der Stadt, auf der N 144 und der D 1 zu erreichen, liegt

***Ainay-le-Vieil.** Das Schloß trägt zurecht den etwas anspruchsvollen Namen „das kleine Carcassonne". Der zweiflügelige Renaissance-Bau des 16. Jhs. fügt sich ganz in einen achteckigen Mauerring ein. Mit ihren Wehrtürmen und Wällen, von einem breiten Wassergraben umsäumt, ist diese ausgezeichnet erhaltene Ringmauer ein lebendiges Zeugnis mittelalterlicher Festungsarchitektur. Von den Innenräumen ist vor allem der *Grand Salon* sehenswert, dessen Dekoration anläßlich eines Besuches von Louis XII und Anne de Bretagne geschaffen wurde. In der *Schloßkapelle* finden sich Fresken aus dem 15. Jh.

Inmitten von Wiesen und Wäldern, unweit des Cher, liegt

****Noirlac,** 59 km, eine der besterhaltenen Zisterzienserabteien Frankreichs. Obwohl seine Gebäude nach der Revolution als Porzellanfabrik zweckentfremdet wurden, hat das Kloster nach einer gründlichen Restaurierung heute wieder sein ursprüngliches Aussehen erhalten. Die Kirche und die Klostergebäude (Gründung 1130) stammen vorwiegend aus dem 12. und 13. Jh. und entsprechen in ihrer Anlage den von dem Ordensstifter Bernhard entwickelten Vorstellungen zisterziensischer Bau- und Lebensweise, so wie sie im Mutterkloster Clairvaux verwirklicht wurden. Zu besichtigen sind die *Kirche*, der *Kreuzgang*, der *Kapitelsaal*, *Schlafsaal* und *Refektorium* der Mönche. Den ehemaligen *Garten* der Mönche schmückt eine Allee von hundertjährigen Linden.

Man folgt nun dem Lauf des Cher und gelangt nach

Châteauneuf-sur-Cher (1800 Einw.), 78 km, das ein mächtiges *Schloß* besitzt, dessen Ursprünge bis ins 11. Jh. zurückreichen. Im 16. Jh. wurde es umgebaut und kostbar ausgestattet. Der Charme von Châteauneuf liegt besonders in seiner reichen Möblierung, seinen Gemälden und Miniaturen aus dem Besitz des gegenwärtigen Schloßherrn. Darunter befindet sich eine seltene Sammlung von *sächsischem Porzellan* aus dem 17. Jh., ein Geschenk des Königs von Sachsen an den Prinzen von Talleyrand. Auch die *Volieren* im Park, mit exotischen Vögeln aus allen Teilen der Welt, sind einen Besuch wert.

Über Saint-Florent-sur-Cher fährt man zurück nach

Bourges, 110 km.

2. SANCERRE-KANAL entlang der LOIRE – LA CHARITE-SUR-LOIRE – NEVERS (170 km)

Die Route führt durch eines der berühmtesten Weinanbaugebiete Frankreichs. Kulinarischen, landschaftlichen und kunsthistorischen Genüssen kann gleichermaßen gefrönt werden.

***Sancerre** (312 m; 2600 Einw.), 49 km, bietet aufgrund seiner exponierten Lage einen weiten Blick über das Loire-Tal, rebenbewachsene Hügel, auf St-Satur mit dem Viadukt, bis hin ins Puisaye. Hier wächst einer der eigenwilligsten, markantesten Weißweine Frankreichs. Die Sauvignon-Rebe, die auf dem überwiegend kalkhaltigen Boden gedeiht, gibt dem Sancerre seinen erdig-würzigen Geschmack. Zum „Sauvignon“ oder dem „Pinot“, einem aus Rosé und Rotwein gekelterten Roséwein, sollte man unbedingt einen „Crottin“ probieren, den kleinen runden Ziegenkäse, der vor allem in Chavignol hergestellt wird. Dégustations dieser Spezialitäten bieten die Lokale rund um die *Place de la Halle*, aber auch einige Keller, wie die *Cave de la Mignonne*, ein riesiger Felsenkeller, an.

Das altertümliche Städtchen mit seinen engen, malerischen Straßen und zahlreichen Bauten aus dem 15. Jh. besichtigt man zu Fuß. Vom Stammsitz der Grafen von Sancerre ist nur noch der Bergfried *(Tour des Fiefs)* aus dem 12. Jh. erhalten. Er war Schauplatz der Auseinandersetzungen in den Religionskriegen, die 1573, nach mehrmonatiger Belagerung, mit der Übergabe der protestantischen Stadt endeten. Die Erde des Sancerrois liefert aber auch das Material zu ausgezeichneter *Töpferware*, die Künstler in Sancerre herstellen (Galerie an der Place du Marché).

🛈 Syndicat d'Initiative, Hôtel de Ville.

🏨 „Panoramic“ (mit Restaurant „La Tasse d'Argent“), Rempart des Augustins.

Unterhalb der Stadt liegen die beiden Ortschaften

St-Satur/St-Thibault mit ihren ausgedehnten Badestränden an den Ufern der Loire. In St-Thibault findet jedes Jahr Mitte August das Fest der Loire-Schiffer mit dem seit Jahrhunderten überlieferten, unveränderten Schifferstechen statt.

⛺ am Ufer der Loire

Die Restaurants dieser kleinen Ortschaften bieten während der Saison eine besondere Spezialität an. Wenn man auf den Hinweis ‚friture de la Loire‘ stößt, sollte man auf keinen Fall versäumen, diese kleinen Loire-Fische zu probieren! Von hier aus folgt man dem Seitenkanal der Loire entlang der D 920. Diese Strecke ist besonders idyllisch: kleine Weiler, Pap-

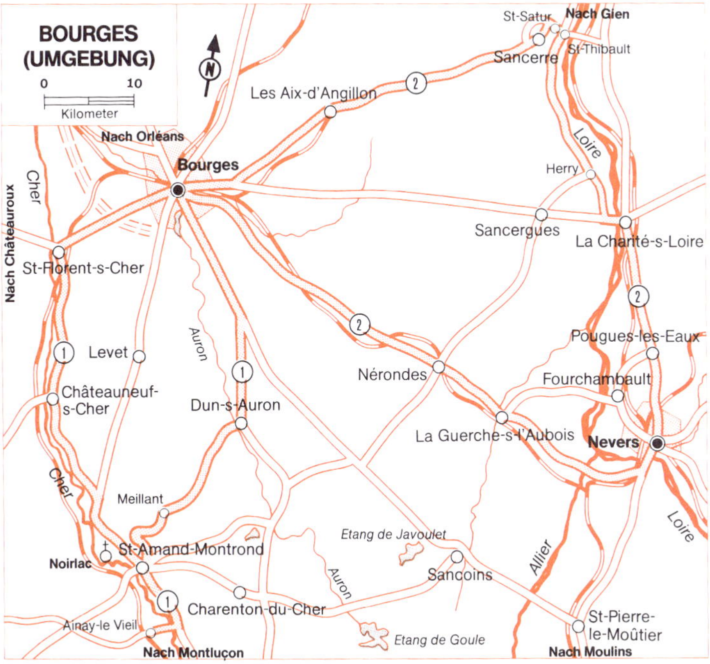

peln, die den Kanal säumen, Angler, Rückblicke auf Sancerre inmitten seiner Weinberge.

***La Charité-sur-Loire** (6500 Einw.); 75 km. Der Name der Stadt geht zurück auf die mildtätigen Brüder des Benediktinerpriorats der burgundischen Abtei Cluny, die den Schiffern und zahlreichen Pilgern den gefährlichen Übergang über die Loire erleichterten.

Obwohl die im Jahr 1107 geweihte *Kirche* durch einen Brand stark zerstört wurde, ist sie heute noch immer ein beeindrukkendes Zeugnis burgundischer Romanik. Reichtum, Macht und Kunstsinn dieser „ältesten Tochter Clunys“, zu deren Konvent in der Blütezeit mehr als 200 Mönche zählten, spiegeln die vollkommen erhaltenen Gebäudeteile wider: der reichverzierte Westturm (Tour Sainte-Croix), das Querschiff und der Chor. Der fast weiße Kalkstein läßt den Innenraum sehr hell erscheinen und betont dessen Eleganz. Im rechten Seitenschiff ist eines der beiden erhaltenen Tympana aufgestellt. Die sehr feine Arbeit (um 1140) zeigt die „Anbetung der Drei Könige“, die „Darbringung im Tempel“ und „Christi Himmelfahrt“.

Bei einem Bummel durch das Städtchen entdeckt man immer wieder alte Häuser wie die *Maison du Sabotier*, wo noch heute ein Holzschuhmacher die traditionellen Schuhe der Winzer herstellt.

Von dem *Square des Bénédictins* aus erreicht man am besten den Chor der Kirche mit seinem Kapellenkranz. Von der *Steinbrücke* des 16. Jhs. und den Wällen oberhalb der Stadt genießt man einen großartigen Blick auf die Abteikirche und den Westturm, die die umliegenden Häuser überragen. Von hier aus erschließt sich dem Besucher vielleicht am besten die Loire in ihrem ruhigen Lauf, mit ihren breiten Sandbänken, ihren grünen Inseln.

ⓘ Office de Tourisme, 49, Grande Rue, F-58400 La Charité-sur-Loire.

⛺ Auf der Loire-Insel.

Zwischen La Charité und dem Weinort Pouilly-sur-Loire liegt der *Manoir de Chailloy*, ein Herrensitz im Stil des 16. Jhs. Diesen Herrensitz kann man ab einer Woche Aufenthaltsdauer mieten. Mit seinem großen Park mit altem Baumbestand, mit Teichen und stilecht eingerichteten Zimmern bietet er das Gefühl fürstlichen Wohnens.

ⓘ Manoir de Chailloy, F-58150 Pouilly-sur-Loire.

Die Rundreise führt weiter nach

Nevers (45 000 Einw.), 99 km, der Hauptstadt des Departements Nièvre. Nevers geht auf das gallo-römische Noviodunum zurück, von dem 52 v. Chr. der große Gallier-Aufstand gegen die römische Eroberung ausbrach. Den Ruhm der Stadt macht ihre Glas- und Fayencenindustrie aus, die um 1580 durch die Herzöge von Mantua hier eingeführt wurde. Noch heute ist dieses Kunsthandwerk am Leben: Zwei Fabriken fertigen – teilweise nach traditionellen Vorbildern – wertvolle Vasen, Teller und auch Nippsachen. Der berühmteste Dekor ist das „Blau von Nevers“. Einen Überblick über ihre Herstellung und eine ausgezeichnete Sammlung von Fayencen bietet das *Musée de Nevers* in der Rue St-Genest.

Obwohl die Stadt 1945 stark zerstört wurde, hat sie einige besuchenswerte Bauten bewahrt.

Im Mittelpunkt der Stadt liegt die *Place Carnot,* wo man den Rundgang beginnt. Südöstlich von hier die *Place Ducale* mit dem ehemaligen Herzogspalast, einem eleganten spätgotischen Bau, in dem heute das *Palais de Justice* untergebracht ist. Südwestlich des Palais steht die Kathedrale *St-Cyr et Ste-Juliette,* eine der merkwürdigsten französischen Kathedralen. Die Doppelchoranlage entstand zwischen dem 10. und 16. Jh. und verbindet romanische und gotische Bauteile. Da Kirchen mit zwei Chören in Frankreich normalerweise unüblich sind, hat man den Einfluß Deutschlands, vor allem der rheinischen Kaiserdome, vermutet. Un-

Nevers, St-Cyre et Ste–Juliette

Château d'Apremont

gewöhnlich ist auch der Zug von 40 Figuren unterhalb des Triforiums, die die Last der Säulen zu tragen scheinen: Frauen und Männer in langen Gewändern, Geistliche, Gaukler geben sich ein Stelldichein.

Der schönste und stilgeschichtlich reinste Bau ist die Kirche *St-Etienne* im Nordosten der Stadt. Zwischen 1063 und 1097 als Prioratskirche der burgundischen Abtei Cluny errichtet, gehört sie zu den besterhaltenen frühromanischen Kirchen der Gegend. Besonders harmonisch ist die Ostansicht mit dem Kapellenkranz um den Chor. Der Innenraum, der nur spärlich mit Steinmetzarbeiten verziert ist, wirkt durch seine äußerste Harmonie und die Wärme des ockerfarbenen Steins.

Durch eine ausgedehnte Parkanlage kommt man von der *Place Carnot* zum *Couvent St-Gildard.* Das Kloster ist heute noch Ziel unzähliger Pilger, die den Schrein der „Seherin von Lourdes" besuchen. Am 16. 4. endet hier alljährlich eine große Wallfahrt. Bernadette Soubirous trat 1866 in das Kloster St-Gildard ein, wo sie 1879 starb. Der Schrein ist in der Kapelle aufgestellt.

Von der alten Stadtbefestigung ist nur die viereckige *Porte du Croux* aus dem 14. Jh. erhalten geblieben. In ihr befindet sich das *Musée archéologique* mit antiken Funden und einer umfänglichen Sammlung romanischer Skulpturen.

Nur 13 km südwestlich von Nevers liegt kurz vor dem Zusammenfluß von Allier und Loire das malerische Dorf

***Apremont,** das den kleinen Abstecher lohnt. Am Ufer des Allier, zu Füßen einer mächtigen Burg, liegen die alten Häuser aus rosafarbenem Ockergestein. Das Gesamtbild scheint aus einem alten Bilderbuch zu stammen. Der Ort entstand um einen Steinbruch, von wo aus das Baumaterial für berühmte Bauten des Loire-Tals, z. B. für die Kirche von St-Benoît-sur-Loire per Schiff den Allier und die Loire hinauf transportiert wurde.

Den Einsatz für die Erhaltung eines der in sich geschlossensten Dörfer Frankreichs verdanken wir der Initiative des Privatmannes Eugène Schneider. Der Industrielle, der auf seiner Hochzeitsreise nach Apremont kam, machte sich ab 1930 diese großangelegte Renovierung zum Lebenswerk. Ganze Gebäude und Straßenzüge wurden abgerissen und an ihrer Stelle die alten Häuser im mittelalterlichen Stil des Berry neu errichtet. Auf Schneider und seine Erben geht auch die Rekonstruktion des Schlosses zurück, das von seinen ehemaligen Festungsanlagen die Wälle, fünf Türme und den pechnasenbewehrten Donjon bewahrt hat. Während der Besetzung Frankreichs durch die Nationalsozialisten verlief die Grenze zwischen der besetzten Zone und der freien südlichen Zone auf dem Grundstück des Besitzes. Das Schloß selbst war von den Nationalsozialisten besetzt, der angrenzende Wald gehörte zur freien Zone. Tausenden von Juden, Widerstandskämpfern und entflohenen Kriegsgefangenen gelang über Apremont die Flucht.

Der Schloßpark ist von besonderem Reiz. Koniferen aus allen Teilen der Welt, gepflegte Rasen nach englischem Vorbild, Blumenbeete, alle Sorten Sträucher, Springbrunnen schmücken ihn. Nach dem Vorbild der berühmten „weißen Gärten" von Sissinghurst (Kent) säumen weißblühende Pflanzen und silberfarbene Gewächse die Beete und Einfassungen.

Die D 976 führt über *Avord* zurück nach **Bourges,** 170 km.

Chaumont, Rundtürme des Schlosses

1. **CHAUMONT-VALENÇAY (132 km)

Am Ufer der Loire folgt man der N 152 und gelangt über den *Pont d'Escures* nach

****Chaumont-sur-Loire** (800 Einw.), 20 km. Hoch über der Stadt thront auf einem Felsvorsprung das Schloß. Dicke Mauern, Burggraben und eine noch intakte Zugbrücke lassen an mittelalterliche Burgen denken. Schon im 10. Jh. erbauten die Grafen von Blois an dieser Stelle eine Festung, die das Blésois gegen seine gefürchteten Nachbarn, die Feudalherren aus dem Anjou, schützen sollte. Auf Befehl des Königs Louis XI wurde die Burg 1465 geschleift, die zu dem Zeitpunkt schon im Besitz der Familie d'Amboise war. Sieg der Monarchie über die gegen sie verbündeten Feudalherren! Nachdem Pierre d'Amboise öffentlich beim König Abbitte geleistet hatte und in Gnaden wieder aufgenommen worden war, durfte er umgehend mit dem Wiederaufbau seines Schlosses beginnen.

Der erste Bauabschnitt dauerte zehn Jahre (1465–1475); er umfaßte den nördlichen, auf einem Felsen stehenden Flügel sowie den rechtwinklig zurücklaufenden westlichen mit den mächtigen Türmen. Die beiden anderen Teile wurden von Charles d'Amboise, einem Sohn von Pierre, vielbeschäftigter Marschall, Admiral und Gouverneur der Lombardei, gebaut. 1560 erwarb Cathérine de Médici das Schloß und zwang die Mätresse ihres verstorbenen Gemahls Henri II, Diana von Poitiers, sich aus Chenonceaux (s. S. 51) hierher zurückzuziehen.

In der Folgezeit wechselte die Anlage mehrmals den Besitzer. Eine eingreifende bauliche Veränderung fand noch 1740 mit dem Abriß des nördlichen Trakts statt, wodurch die Aussichtsterrasse geschaffen wurde.

1750 erwarb Jacques Le Roy, ehemaliger Oberforstmeister in der Touraine, das Schloß. Er richtete dem italienischen Glas- und Keramikkünstler Nini eine Werkstatt ein und ließ ihn Medaillons nach Porträts bekannter Persönlichkeiten herstellen. Eine Auswahl davon ist noch heute im Schloß zu besichtigen.

Historisch interessierte Besucher sollen daran erinnert werden, daß hier in der alten Burg 1170 die letzte Versöhnung zwischen Heinrich II. von England und Thomas Becket stattfand.

Zu Beginn des 19. Jhs. wohnte Madame de Staël im Schloß, wo sie ihr Werk ‚De l'Allemagne' schrieb.

Montrichard (4000 Einw.), 38 km, am Ufer des Cher gelegen, lohnt mit seinen *alten Häusern* und *Gassen,* seinem viereckigen *Donjon* aus dem 12. Jh. und der Kirche *Sainte-Croix* einen kurzen Aufenthalt. In den ehemaligen Tuffsteinbrücken sind Wein- und Champagnerkellereien eingerichtet (Weinproben).

St-Aignan-sur-Cher (3700 Einw.), 55 km. Die kleine verschachtelte Stadt wird

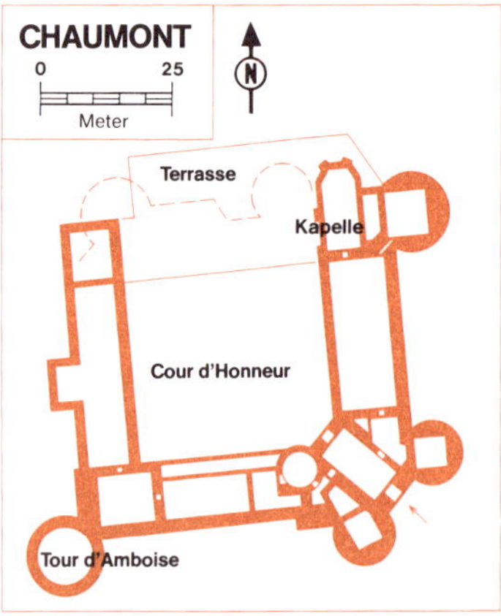

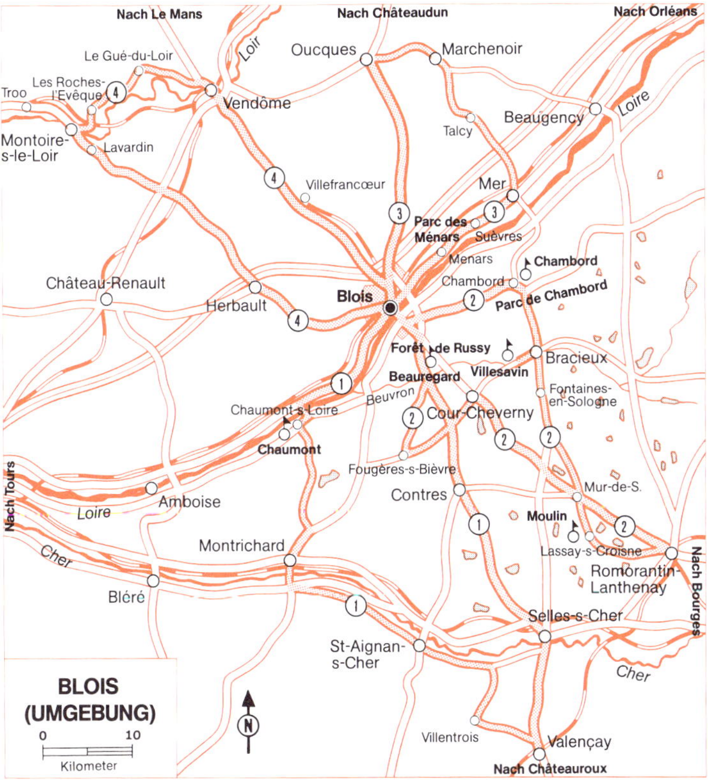

von zwei Baudenkmälern beherrscht: dem *Renaissanceschloß* und der romanischen Kirche *St-Aignan*. Der massige Bau besitzt bemerkenswerte Kapitelle im Chor und eine Krypta mit Fresken in bestem Zustand. Die ältesten Wandmalereien in der Apsiskalotte stammen aus dem 12. Jh. und stellen Christus als Weltenherrscher dar.

Von der Kirche führt eine mächtige Steintreppe hinauf zum Schloß, das zwar nicht besichtigt werden kann, von wo aus man aber eine herrliche Aussicht auf das Tal des Cher hat.

Über die D 17 und D 33 erreicht man

Valençay (3200 Einw.), 76 km. Das Schloß, im 16. Jh. von der Familie d'Estampes erbaut, wurde 1803 von Talleyrand, dem Außenminister Napoleons, erworben. Talleyrand ließ die Innenräume vollständig im Empire-Stil umgestalten, um die „Großen der Welt" würdig empfangen zu können. So vermitteln die zugänglichen Räume einen guten Eindruck des Lebensstils des frühen 19. Jhs. Im Schloß erinnert das Talleyrand-Museum an den berühmten Staatsmann.

🛈 Office de Tourisme à la Mairie, F-36600 Valençay.

Die Rückfahrt führt über

Selles-sur-Cher (4500 Einw.), 90 km, wo die Kirche *St-Eusice* einen kurzen Stopp lohnt.

Der sehenswerteste Teil der romanischen Kirche (mehrfach restauriert) ist die Außenseite der Apsis (Zugang rechts der Kirche durch eine an der Passage gelegene Tür). Die Apsiswand ist mit zwei Friesen geschmückt, in deren oberem das Leben des hl. Eusice dargestellt ist, während der untere Szenen aus dem Neuen Testament zeigt. Im Innern der Kirche verdienen die

Figurenkapitelle im rechten Seitenschiff Beachtung.

Über *Contres* folgt man der D 956 zurück nach **Blois** (132 km).

2. **CHAMBORD – WESTLICHE SOLOGNE – **COUR-CHEVERNY – *FOUGERES – BEAUREGARD (123 km)

Durch ein waldreiches Gebiet, vorbei an kleinen Seen und Teichen, führt diese Rundfahrt zu den sehenswertesten Schlössern südlich und östlich von Blois.

****Chambord,** 18 km, liegt in einem 5500 ha großen Park, dem *Réserve Nationale de la Chasse,* das von einer 32 km langen Mauer umgeben ist. Im Westen ist ein Teil des Parks für das Publikum geöffnet: Hier kann man von vier Aussichtsständen aus das äsende Wild (Rehe, Hirsche, Wildschweine) beobachten. Kein Wunder also, daß François Ier – ein leidenschaftlicher Jäger – gerade diesen Platz zum Bau seines Schlosses ausgesucht hat. Unter seinen Nachfolgern war es vor allem Louis XIV, der sich hier gerne zur Jagd aufhielt und glänzende Feste veranstaltete. Vor ihm führte Molière 1670 zum erstenmal sein Stück „Der Bürger als Edelmann" auf.

Chambord ist zweifellos das imposanteste der Loire-Schlösser, kein anderes übertrifft es an Größe, Phantasie und Extravaganz. Unvergeßlich ist der erste Eindruck, wenn es plötzlich aus dem Dunkel der Wälder am Ende einer Allee auftaucht. Mit seinen zahllosen Türmen und Türmchen, Aufbauten, Dachluken und Kaminen gleicht es einem steingewordenen Traum. Nur der Tatsache, daß ein Abbruch des Steinmeeres teurer gekommen wäre als der zu erwartende Profit, verdanken wir es, daß Chambord die Revolution überstand. Seit 1930 ist es im Besitz des Staates, den die Unterhaltung des Schlosses Unsummen kostet.

Die Bauarbeiten begannen 1519, die Räume des Königs waren 1547 fertiggestellt, das Ende der Arbeiten erlebte François jedoch nicht. Kaiser Karl V., der 1539 Chambord besuchte, nannte es „den Inbegriff menschlicher Tatkraft".

Den Kern der Gesamtanlage bildet der dreigeschossige *Donjon,* ein architektonisches Wunderwerk. In seinem Innern birgt er die berühmte doppelläufige Treppe, deren Doppelspirale so konzipiert ist, daß ein Hinaufsteigender einem Herunterkommenden nicht zu begegnen braucht. Die Annahme, daß Leonardo da Vinci die Pläne hierzu geliefert hat, ist nicht abwegig. Die Treppe führt hinauf zur Terrasse, wo sie in einer prunkvollen Laterne gipfelt. Auf dieser Dachterrasse fühlt man sich wie in einem Labyrinth, in den Gassen einer Miniaturstadt, gebildet aus über 1000 Türmen, Schornsteinen, Lukarnen. Sie diente den rauschenden Hoffesten und „Pikanterien" des Erbauers als gigantische Kulisse. Die 440 Räume des Schlosses sind seit der Revolution weitgehend ausgeplündert und werden mühsam durch Museumsstücke wieder eingerichtet.

ℹ Wegen der Aufführung von „Son et Lumière" muß man sich an die Régie du Spectacle de Chambord, 1, rue de l'Eglise, F-41000 Blois wenden.

Durch den *Forêt de Boulogne* gelangt man in den Ferienort *Bracieux,* 26 km, mit Markthallen aus dem 16. Jh. Von hier aus lohnt ein Abstecher (3 km) zum

Château de Villesavin, einem heiteren Renaissancebau (1537) von Jean le Breton, dem Schloßherrn von Villandry und Bauintendanten von Chambord, errichtet. Den Schloßhof schmückt ein reichverzierter italienischer Brunnen aus weißem Marmor.

Fontaine-en-Sologne, 31 km, auf einem Hügel gelegen, war im Mittelalter von strategischer Bedeutung. So erklärt sich der wehrhafte Charakter der Kirche (12. Jh.). Durch eine bezaubernde Seenlandschaft führen Nebenstraßen zum

***Château-du-Moulin,** 51 km, bei *Lassay-sur-Croisne.* Die Verwendung des roten Backsteins ist typisch für die Bauweise der Gegend. Von der ehemaligen Befestigung sind der Donjon, die Burggräben und das schwere Eingangstor aus Eiche

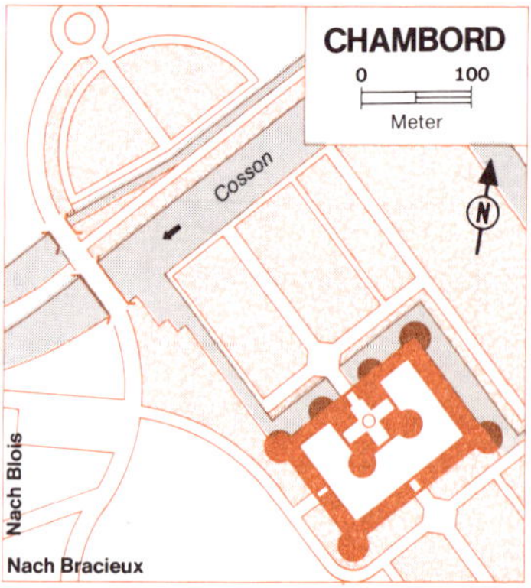

mit den alten Nägeln und schweren Riegeln erhalten.

Romorantin-Lanthenay (16 000 Einw.), 61 km, die ehemalige Hauptstadt der Sologne, liegt an der Sauldre, die sich hier in mehrere Arme verzweigt. Drei sehenswerte Bauten aus Fachwerk und rotem Ziegelstein des 15. und 16. Jhs. lohnen einen Stopp: *le Carroir Doré* mit kunstvoll geschnitzten Eckpfosten, das *Hôtel St-Pol* und die *Chancellerie*, in der bei einem Besuch des Königs die Staatssiegel aufbewahrt wurden. Im Hôtel de Ville zeigt das *Musée de Sologne* eine volkskundliche Sammlung: Werkstätten des Sattlers und Holzschusters, eine Bauernstube, Trachten und Arbeitsgeräte.

Die D 765 führt zurück Richtung Blois direkt nach Cheverny. Im Ortsteil

****Cour-Cheverny,** 89 km, liegt inmitten eines schönen Parks das Schloß. Schon auf den ersten Blick überrascht die Stileinheit und Harmonie dieses Herrensitzes, eine Folge der kurzen Bauzeit (ca. 1626–1634). Da Cheverny ununterbrochen in Familienbesitz blieb, fehlt den Innenräumen die museale Sterilität vieler Loire-Schlösser. Sie lohnen – da teilweise völlig original erhalten – einen Besuch. Eine majestätische Steintreppe führt zu den beiden schönsten Zimmern, der *Salle des Gardes* und dem Königszimmer. Den Saal der Schloßwache schmücken Waffen und Rüstungen, Wandteppiche und Gemälde. Das Königszimmer ist ganz in Blau, Gold und Rot gehalten. Teppiche mit Szenen aus der Odyssee und ein Prunkbett mit Baldachin ziehen den Blick auf sich. Das *Jagdmuseum*, das allein 2000 Hirschgeweihe umfaßt, und der Zwinger im Park mit 80 Jagdhunden weisen den heutigen Schloßbesitzer als begeisterten Jäger aus.

Nach dem Königsschloß von Chambord und dem streng klassizistischen Bau von Cherverny wird man in

***Fougères-sur-Bièvre,** 102 km, wieder ins Mittelalter zurückversetzt. Der Bau, 1470 begonnen, glich einer regelrechten Festung: von Gräben umgeben, durch eine Zugbrücke und Schießscharten gesichert, zinnenbekrönt. Trotz einiger Umbauten im 16. Jh. (die Schießscharten wurden durch Fenster ersetzt, die Gräben zugeschüttet) blieb die Grundkonzeption des Bauwerks erhalten.

Kurz vor Blois liegt in einem Waldgebiet nahe der D 956 das Schloß von

Beauregard, 116 km. Von dem ab 1550 errichteten Bau blieb trotz Veränderungen des 17. und 19. Jhs. noch der zweigeschossige mittlere Trakt erhalten. Der Bauherr Jean de Thier (Staatssekretär von Henri II) hatte großen Wert auf die Innenausstattung gelegt, die auf jeden Fall einen Besuch lohnt. Das *Schellenkabinett* (das Wappen der Thiers waren drei Schellen auf blauem Grund) ist ein Raum mit geschnitzter und teilweise vergoldeter Eichenholztäfelung. Ihn ziert eine Kassettendecke, deren sechseckige Felder mit bemaltem Leder verziert sind. Im Obergeschoß liegt die berühmte Gemäldegalerie, die 363 Porträts historisch wichtiger Persönlichkeiten enthält.

Durch den *Forêt de Russy* gelangt man zurück nach **Blois,** 123 km.

3. DURCH DAS BLESOIS NACH MENARS UND TALCY (68 km)

Die N 152 durchschneidet den Park des Schlosses von

Ménars (400 Einw.), 8 km. Es ist einer der wenigen Barockbauten an der Loire. In der zweiten Hälfte des 17. Jhs. begonnen, erhielt Ménars sein heutiges Aussehen durch die Marquise de Pompadour. Die Geliebte von Louis XV kaufte 1760 das Schloß als Alterssitz und ließ es vom königlichen Architekten Gabriel umgestalten und völlig neu einrichten. Von dem eleganten Geschmack der Besitzerin zeugen heute nur noch wenige Ausstellungsstücke in den Innenräumen. Die durch ihren Tod unterbrochenen Bauarbeiten wurden von ihrem Bruder fortgesetzt. Auf ihn gehen die *Orangerie*, der sogenannte ‚*Temple d'Amour*' und das ‚*Bad der Pompadour*' im Park nahe des Flußufers zurück.

Eine doppelte Reihe von Linden säumt die prächtige Allee, die an der Ostseite des Schlosses beginnt.

Durch den *Parc de Ménars* fährt man weiter nach

Suèvres, 13 km, dessen Kirche *St-Christophe* einen Westgiebel aus merowingischer Zeit bewahrt hat. Das fischgrät- und zickzackgemusterte Mauerwerk ist typisch für diese Stilepoche.

In *Mer* zweigt die D 15 ab, die durch die fruchtbare Beauce-Ebene nach

Talcy (240 Einw.), 23 km, verläuft. An der Durchgangsstraße steht das mittelalterliche und bescheiden wirkende *Château*.

Der florentinische Kaufmann Bernard Salviati, ein Verwandter der Médici, kaufte das Anwesen im 16. Jh. Salviati, der im Dienst von François Ier stand, erhielt das Privileg, den Landsitz zu befestigen. Seine älteste Tochter Cassandra ging in die französische Literaturgeschichte ein: Pierre de Ronsard, dem sie 15jährig begegnete, besang sie in seinen Sonetten.

Das eher streng wirkende Äußere überrascht durch eine Innenausstattung, die – ohne prunkvoll zu sein – den kultivierten Geschmack des Schloßherrn ausdrückt. Den ersten Hof schmückt ein runder Ziehbrunnen, in dem ein Rosenstrauch an die Liebesbeziehung Ronsards und Cassandras erinnert. Im Wirtschaftshof stehen zwei Meisterwerke der ursprünglichen Ausstattung: das Taubenhaus und die Kelter. Die Weinpresse wäre heute noch zu benutzen. Aus dem 16. Jh. stammt das zylinderförmige Taubenhaus, in dem sich an die 1500 Sitzplätze dieser „schmackhaften Vögel" befanden.

Um einen Eindruck von der Landschaft Beauce, die als Kornkammer des Loire-Tals gilt, zu gewinnen, fährt man über *Marchenoir* und *Oucques,* 41 km, nach

Blois, 68 km, zurück.

4. VENDOME–TROO–LAVARDIN (109 km)

Diese Rundfahrt in den Norden von Blois führt zu den interessantesten Fresken des Loire-Tals in Areines, Montoir, St-Jacques-des-Guérets und Lavardin.

Vendôme an der D 957 (19000 Einw.), 32 km, geht auf die kleine gallo-römische Ansiedlung Vindocinum zurück, die an der Stelle des Dorfs Areines (östlich der Stadt) lag, sicherheitshalber aber im frühen Mittelalter an die Stelle der heutigen Stadt verlegt wurde. Im 10. Jh. entwickelte sich Vendôme zur Hauptstadt einer Grafschaft, um deren Besitz im 12. Jh. Frankreich und England kämpften. 1515 wurde die Grafschaft zu einem Herzogtum der Familie Bourbon Vendôme, 1712 aber wieder mit der Krone vereinigt.

Die *Altstadt* liegt auf mehreren Inseln des Loir, der hier eine Reihe von Nebenarmen bildet. Bei einem Bummel durch die engen Gassen entdeckt man noch schöne Fachwerkhäuser und Reste romanischer Bausubstanz. Vendôme war im Mittelalter eine Wegstation der Jakobspilger auf ihrer Reise nach Santiago de Compostela.

Das bedeutendste Baudenkmal der Stadt und eines der schönsten des Departements *Loir-et-Cher* ist die ehemalige Abteikirche *La Trinité* (11.–16. Jh.).

Der älteste Teil ist die Vierung (11. Jh.), die allein von der älteren romanischen Kirche übriggeblieben ist. Der jüngste Teil ist die spätgotische Fassade im Flamboyantstil, die Jehan de Beauce zu Beginn des 16. Jhs. erbaute. Rechts vor der Fassade steht isoliert der herrliche *Glockenturm* (12. Jh.).

Im Innern der Kirche sind die vier romanischen Säulen der Vierung wegen ihrer Kapitelle besonders beachtenswert. Das Chorgestühl (15. Jh.) weist eigenartige Miserikordien (Monatsarbeiten wie Weinlese und Schlachten, Tierkreiszeichen) auf.

Vendôme, La Trinité

Die Glasmalereien im Chor stammen aus dem 14. Jh. Das Fenster über dem Hochaltar stammt aus dem 12. Jh. und gilt als die älteste bekannte Darstellung der Madonna mit Kind.

In den rechts der Kirche gelegenen ehemaligen Abteigebäuden (1732–1742) befindet sich heute das *Archäologische Museum der Landschaft Vendômois.* Hinter der Apsis der Kirche steht das ehemalige Abthaus (16. Jh.), heute Pfarrhaus.

Außerhalb der von mehreren Armen des Loir um- und durchflossenen Altstadt ist vom ehemaligen *Schloß* der Grafen von Vendômois die Umfassungsmauer erhalten geblieben.

Im östlich gelegenen Vorort *Areines* befinden sich in der romanischen Dorfkirche gut erhaltene Fresken (12. Jh.).

🛈 Office de Tourisme, 47/49, rue Poterie F-41101 Vendôme.

⌂⌂ „Vendôme", 15, faubourg Chartrain; „Grand Hôtel Saint-Georges", 14, rue Poterie.

⌂ „Capricorne", 8, bd. de Trémailt; „Château", 28, place du Château; „Saint Michel", 31, Mail du Maréchal Leclerc; „Ville", 23, rue du Général de Gaulle.

⛺ Les Grands Prés.

Auf der Weiterfahrt nach Westen hält man sich in der Nähe des Tals des Loir und kommt über *Le Gué-du-Loir* nach *Les Roches-l'Evêque*. In diesem zwischen Loir-Ufer und Loir-Bergen eingeengten Dorf wohnen viele Familien in künstlichen Höhlen, die in dem weichen Gestein leicht anzulegen sind. Auch die ehemalige Kapelle Saint-Gervais (Fresken aus dem 12. und 13. Jh.) ist eine Felshöhle.

Das hübsche alte Städtchen

***Montoire-sur-le-Loir,** 52 km, entstand um das Priorat St-Gilles, das im 7. Jh. gegründet wurde. Montoire war eine wichtige Station der Pilger auf dem Weg zum Martinsgrab in Tours und nach Santiago de Compostela. In der *Rue Ronsard* führt eine Brücke über den Loir, den Trauerweiden und alte Häuser säumen. Nicht weit von hier liegt die romanische Kapelle *St-Gilles* (12. Jh.). Sie gehörte zu einem Benediktinerpriorat, dem Ronsard vorstand. Ihre Apsiden und das Querhaus besitzen guterhaltene Fresken, die die Entwicklung dieser Kunst im Loir-Tal aufzeigen. Die Hauptapsis schmückt eine Christusdarstellung; dasselbe Thema taucht in den beiden anderen Apsiden auf, die aber später ausgemalt wurden. Am Vierungsbogen ist der Kampf der Tugenden und der Laster dargestellt. Bei einem Bummel durch das Städtchen entdeckt man einige *Renaissancehäuser*, zum Teil mit interessanten Schornsteinkonstruktionen.

Von der Burg sind noch der *Donjon* (12. Jh.) und ein Teil der Umfassungsmauern erhalten.

Trôo (65 m; 430 Einw.), 59 km. Das kleine Dorf scheint im Mittelalter eine verhältnismäßig große Bedeutung gehabt zu haben. Ein Teil der alten Stadtmauer (11. und 13. Jh.), eines Krankenhauses *Maladerie Sainte-Cathérine* (12. Jh.) und Ruinen mehrerer Burgen sind erhalten.

Die größte Anziehungskraft übt allerdings das Viertel der **Höhlenwohnungen* aus. Die Behausungen sind teilweise übereinander an die Kalkfelsen gearbeitet und miteinander durch Treppen und Gäßchen verbunden. Über ihnen erhebt sich ein 14 m hoher Hügel – vielleicht von den Galliern als Grabhügel errichtet. Von hier aus hat man ein herrliches Panorama über den Loir und die kleine Kirche

Saint-Jacques-des-Guérets, die auf dem anderen Ufer des Flusses liegt. Sie birgt Wandmalereien, die zwischen 1130 und 1170 zu datieren sind. Überraschend sind die frischen Farben. Dargestellt werden Szenen aus dem Leben Christi und verschiedener Heiliger. Von hier aus kann man einen kleinen Abstecher (9 km je Weg) zum *Manoir La Possonnière* machen, der Heimat Pierre de Ronsards, des „Dichters der Fürsten und Fürsten der Dichter" (s. Tours, Talcy). Hier wurde Ronsard 1524 geboren. Sein Vater ließ den Herrensitz, als er mit dem König von den Kriegszügen nach Italien zurückkehrte, im modischen Renaissancestil erbauen. Typisch hierfür sind die lateinischen Inschriften an den Mauern und der vorspringende Treppenturm der Rückseite. Ronsard liebte seine Heimat, diese sanfte, friedliche Landschaft, die wie keine andere seiner Dichtung entspricht. Wenige Schritte von hier, auf der *Ile Verte,* wollte er begraben werden.

Die Besichtigung des Manoir ist nur nach schriftlicher Voranmeldung möglich.

Man fährt nach *Montoire-sur-le-Loir* zurück und dann weiter auf dem linken Ufer des Loir nach

Lavardin (78 m; 300 Einw.), 68 km. Das kleine Dorf war im Mittelalter ein wichtiger fester Platz der Grafen von Vendôme. Aus dieser Zeit ist die romanische Kirche *Saint-Genest* (11. Jh.) erhalten geblieben, die wegen ihrer Wandmalereien (12.–16. Jh.) im Vendômois eine einzigartige Stellung einnimmt.

Von der oberhalb der Kirche gelegenen *Burg* der Grafen von Vendôme sind nur noch mächtige Ruinen zu sehen, vor allem der 26 m hohe Donjon (Burgfried, 11./12. Jh.), der die Mitte und den höchsten Punkt der in vier Stufen am Berghang errichteten Festungsanlage bildete. Der Donjon wurde im 14. Jh. besonders im Innern umgestaltet.

Von Lavardin aus fährt man über *Herbault* nach

Blois zurück, 109 km.

Rundfahrten ab Tours

1. ZWISCHEN INDRE, CHER UND LOIRE, 161 km

****Loches** (7000 Einw.), 41 km, zählt zu den reizvollsten und kunsthistorisch bedeutendsten Städten der Touraine. Die Festungsanlage wurde im Verlauf des Hundertjährigen Kriegs abwechselnd von den Franzosen und Engländern eingenommen. Nach der Befreiung von Orléans traf Jeanne d'Arc in Chinon mit Charles VII zusammen. Sie zogen zuerst zusammen nach Loches und von dort zu seiner Krönung nach Reims. Loches ist auch der Ort, an dem sich die Liebesgeschichte Charles VII zu dem schönen Bauernmädchen Agnès Sorel abspielte.

Hinter einem dreifachen Ring aus Befestigungswällen bietet die Altstadt ein beeindruckendes Bild ziviler, militärischer und religiöser Baukunst. Man beginnt den Rundgang durch die *Cité* (Altstadt) an der *Porte Royale* (13. Jh.), die an der Westseite der Stadtbefestigung liegt. In ihr ist das *Musée du Terroir* untergebracht, ein Heimatmuseum mit Trachten, Möbeln und Waffen. Wenige Schritte weiter liegt in der *Rue Lansyer* das gleichnamige Museum, das an den aus Loches stammenden Heimatmaler erinnert. Die Kirche St-Ours zählt zu den eigenartigsten Schöpfungen des 12. Jhs. Auf den ersten Blick scheint man vier hintereinander angeordnete Türme zu erkennen: den Westturm, zwei kleinere achteckige Pyramiden und den Vierungsturm im Osten. Die beiden hohlen Steinpyramiden sind aber nichts anderes als das über den beiden Gewölben des Langhauses ausgebaute Dach. Diese Lösung der Einwölbung, dem Prior Thomas Pactius zugeschrieben, wurde im Sakralbau nie wiederholt. Über dem Portal fällt das bunte, reich mit Fabeltieren verzierte Tympanon auf, dessen oberer Teil (die Anbetung der Heiligen Drei Könige) stark zerstört wurde.

Die Architektur des Schlosses drückt sowohl Anmut als auch Strenge aus (13.–15. Jh.). Zwei Frauen lebten hier: Anne de Bretagne, die ihre kleine Privatkapelle mit in Stein gehauenen Kordelketten und Hermelinen ausschmücken ließ, und Agnès Sorel (um 1422–1450), die erste offizielle Mätresse eines französischen Königs, Charles VII. Ihre liegende Marmorstatue (nach der Französischen Revolution restauriert) wird von Lämmern, Sym-

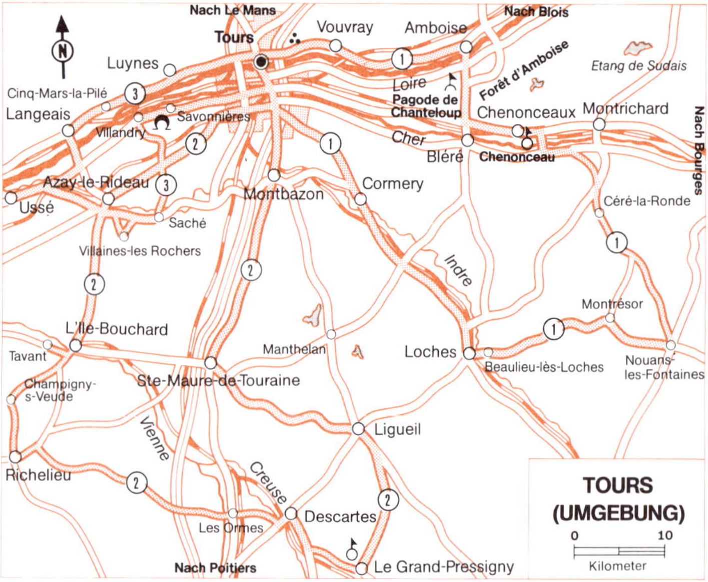

Loches, Agnès Sorel

bol ihrer Sanftheit, und von Engeln, Sinnbild ihrer engelhaften Schönheit, bewacht. In den königlichen Gemächern fand 1429 die zweite Begegnung der Jungfrau von Orléans mit dem Thronfolger statt, bei der sie Charles aufforderte, sich nach Reims zur Krönung zu begeben.

Das beeindruckendste Bauwerk der Cité ist der im Süden gelegene *Donjon*. Das am bedrohtesten Punkt der Festung gegen Ende des 11. Jhs. errichtete Bollwerk läßt die Besucher heute noch schaudern. Im 15. Jh. wurde die Festungsanlage nochmals durch die *Tour Ronde* und den *Martelet* verstärkt. Hier zeigt man die Folterkammern, die berüchtigten „Käfige von Loches", in denen berühmte Gefangene wie Ludovico Moro, Herzog von Mailand, und der Vater der Anne de Poitiers geschmachtet haben.

Unterhalb der eigentlichen Altstadt liegen drei Stadttore, die zu einer späteren Befestigung gehören, die teilweise eingerissen wurde, um einen Durchgang für Straßen zu schaffen: *La Porte des Cordeliers*, die *Tour Saint-Antoine*, deren oberer Teil im 16. Jh. hinzugefügt wurde, und die *Porte Picoys*, die direkt neben dem hübschen *Hôtel de Ville* (Rathaus) im Stil der Renaissance steht.

Um einen Gesamteindruck von der mittelalterlichen Stadtbefestigung zu gewinnen, lohnt sich der Rundweg (30 Min.) entlang der meterdicken hohen Mauern mit ihren gewaltigen Wehrtürmen.

1 km westlich liegt das alte Dorf

Beaulieu-lès-Loches mit den imposanten Ruinen einer *Abtei*, die der Graf des Anjou, Foulques Nerra, 1007 gründete. Ihr Glockenturm ist ein Meisterwerk der Romanik.

Während der Revolution mußten Hauptturm und Längsschiff einem Platz weichen. Der verbliebene Glockenturm und Reste des Mauerwerks geben heute noch einen schwachen Eindruck von den einst gigantischen Ausmaßen der Anlage wider.

ⓘ Office de Tourisme, Place de la Marne, F-37600 Loches.

In einem Nebenfluß des Indre, dem *Indrois*, spiegelt sich das Schloß von

Montrésor (500 Einw.), 66 km. Der Bau geht ebenfalls auf Foulques Nerra zurück, der hier um das Jahr 1000 eine seiner zahlreichen *Festungen* errichtete. Sein heutiges Aussehen erhielt das Schloß zu Beginn des 16. Jhs., als es in ein bequemes, einfaches Wohngebäude umgestaltet wurde. Die polnische Familie Branicki erwarb es im 19. Jh. Sie ließ es vollständig restaurieren und neu einrichten. So besteht die Innenausstattung vor allem aus Bildern, Andenken und Kunstgegenständen aus Polen.

In der ehemaligen *Stiftskirche* (heute Pfarrkirche) aus der Mitte des 16. Jhs. steht das Grabmal der Familie Bastarnay, der einstigen Herren von Montrésor. Obwohl in der Revolution stark zerstört, läßt das Renaissancewerk seine einstige Qualität noch gut erkennen. Aus derselben Zeit stammen die Glasfenster und das Chorgestühl.

Von hier lohnt ein kurzer Abstecher nach

Nouans-les-Fontaines, 74 km, dessen *Pfarrkirche* (13. Jh.) ein Meisterwerk mittelalterlicher Kunst enthält: das Altargemälde der Beweinung Christi, das Jean Fouquet, dem bedeutendsten Buch- und Tafelmaler des 15. Jhs., zugeschrieben wird.

****Chenonceaux,** 117 km. Das Schloß, am ruhigen Lauf der Cher, inmitten eines Waldes gelegen, verdankt einen großen Teil seines Zaubers seiner einzigartigen Lage. Unübertroffen das Zusammenspiel: Architektur, natürliche Landschaft und Kulturlandschaft mit ihren Terrassen, auf optische Effekte ausgerichtete Gartengestaltung mit Wasserspielen und Zierpflanzen.

An den Vorgängerbau – ein Mühlengut – erinnert nur noch der Donjon aus der Mitte des 15. Jhs. Dieses Gut gehörte zu den Ländereien einer Familie Marques,

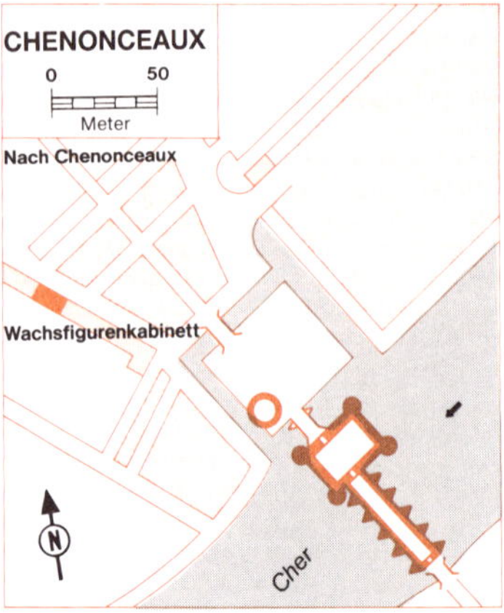

die ihren Besitz nach und nach veräußern mußte. Käufer war Thomas Bohier, Obersteuereinnehmer von Charles VIII. Nachdem die Familie Marques 1512 total ruiniert war, ließ der neue Besitzer das alte Schloß bis auf seine Grundmauern, mit Ausnahme des oben erwähnten Turms der Mühle, abtragen. Inspiriert von seinen Reisen nach Italien, jetzt im Gefolge von François Ier, begann er mit dem Neubau des Renaissanceschlosses. Nach seinem Tod - er starb bei einem dieser Eroberungsfeldzüge des Königs in der Gegend um Mailand - ging der Besitz an die Krone über. Henri II, Sohn von François Ier, schenkte die Anlage dann seiner offiziellen Geliebten Diane de Poitiers. Die neue Besitzerin erweiterte den quadratischen Kernbau mit seinen vier Rundtürmen an den Ecken, indem sie eine Brücke über den Fluß bauen ließ. Sie legte auch die Gärten mit den Zier- und Obstpflanzen an. Nach der Ermordung des Königs zwang dessen Witwe Cathérine de Médici die verhaßte Nebenbuhlerin, das Schloß zu verlassen. Als Ersatz erhielt Diane das düstere, unwirtliche Chaumont. Die prunksüchtige Cathérine ließ die Brücke über den Cher 1560 mit einer doppelgeschossigen Galerie überbauen. Glanzvoll waren die Feste, die sie in Chenonceaux ausrichten ließ: Augenzeugen berichten von ungeheurem Luxus und raffinierten Pikanterien.

Im Bau Bohiers besucht man den *Gardesaal* und die Kapelle. Die anderen Räume erinnern an die Rivalinnen Diane und Cathérine und sind reich mit Wandteppichen und Möbeln ausgeschmückt.

Die 60 m lange *Galerie* über den Cher war während des Zweiten Weltkriegs ein sicherer Fluchtweg. Der Eingang des Schlosses befand sich nämlich in deutschem Besatzungsgebiet, die Galerie führte zur freien, unbesetzten Zone jenseits des Flusses.

Am Nordrand des *Forêt d'Amboise* zweigt links ein Weg zur

Pagode von Chanteloup ab, 133 km. Dieser eigenartige Bau ist der einzige Rest einer großen Schloßanlage des 18. Jhs. Sechsstöckig, pyramidenartig erhebt sich der Turm, auf Säulen und Pfeilern ruhend. Er bildete einst den Mittelpunkt des Schloßbereichs, das nach der Revolution zerstört wurde. Umriß und chinesische Schriftzeichen erinnern an die Vorliebe der Fürstenhöfe der Zeit für die Chinamode.

***Amboise** (11 200 Einw.), 137 km, auf einem Hügel der Loire gelegen, war die

Das Schloß von Chenonceaux

Lieblingsresidenz von Charles VIII. Bei seinem Italienfeldzug 1494/95 lernte der König die neue Stilrichtung der Renaissance kennen. Er brachte die ersten Künstler und Architekten mit in seine Heimat, die das alte Schloß seiner Jugend erweiterten und prachtvoll ausstatteten. Dies war die Geburtsstunde der Renaissance in Frankreich. Der König starb jung, aber unter seinem Sohn François Ier wurden die Bauarbeiten zu Ende geführt.

Unter der Regentschaft von François Ier entwickelte das höfische Leben in diesem Schloß eine überbordende Prachtentfaltung. In Amboise lebte und arbeitete bis zu seinem Tod Leonardo da Vinci, den der König hierhergerufen hatte. Diese glanzvolle Vergangenheit kann man heute nur noch erahnen. Brände und Zerstörung haben der Königsresidenz schweren Schaden zugefügt: Nur ein Flügel der ehemals großzügigen Anlage hat die Zeit überdauert. Besonders schön sind ihre mächtigen Ecktürme, die *Tour des Minimes* auf der Loire-Seite, und die *Tour Hurtault* im Süden. Sie bildeten die Zugänge zum Schloß. Die Türme sind mit breiten, sanft ansteigenden Rampen ausgestattet, die es erlaubten, mit Pferd und Wagen in das Schloß einzufahren.

Im Innern sind die *Hubertuskapelle* aus der Zeit Charles VIII, in der Leonardo beigesetzt sein soll, und der *Logis du Roi* mit der *Salle des Gardes* zu besichtigen. Sie enthalten eine reichhaltige Sammlung von spätgotischen Möbeln.

An der Südseite des Schlosses führt die Rue Victor Hugo vorbei an Höhlenwohnungen zum Herrensitz *Clos-Lucé* (15. Jh.). Dort verbrachte Leonardo da Vinci seine letzten Lebensjahre (1516–1519) und verstarb im Alter von 67 Jahren. Die französische Tochtergesellschaft der IBM ließ einen Teil der Maschinen, die Leonardo hier entwickelt hat, getreu seinen Zeichnungen und mit den Materialien der damaligen Zeit nachbauen. Darunter das erste Flugzeug und Automobil, der erste Helikopter, Fallschirm, Angriffspanzer, ein Schwermaschinengewehr sowie eine Drehbrücke.

Die wichtigsten Bauwerke in der Stadt sind die ehemalige Prioratskirche *St-Denis* aus dem 12. Jh. (später verändert), das *Hôtel de Ville* (Rathaus) aus dem frühen 16. Jh. und ein Rest der ehemaligen Stadtbefestigung, die *Tour de l'Horloge*, durch die die Rue Nationale führt. In der Rue Joyeuse (Nr. 6) befindet sich das *Musée de la Poste*, das einen guten Eindruck vom Reisen in der „guten alten Zeit" vermittelt.

ℹ Office de Tourisme, Quai Général-de-Gaulle, F-37402 Amboise.

Die Rückfahrt führt über den Weinort

Vouvray, 157 km, wo seit dem 15. Jh. die berühmtesten Weißweine der Touraine gekeltert werden. Kurz vor Tours, 161 km, liegen die Ruinen der *Abbaye de Marmoutier*. Von dem ehemals mächtigen und reichen Kloster, das der hl. Martin von Tours gründete, blieben nur das Portal (um 1220), der romanische Glokkenturm und die Einsiedlergrotten der ersten Mönche erhalten.

2. DER SÜDEN DER TOURAINE (191 km)

Auf der D 751 über *Azay-le-Rideau* (s. S. 54) erreicht man

Ile-Bouchard, 44 km, das beiderseits der Vienne liegt.

Am südlichen Stadtrand stehen die Reste der Prioratskirche *St-Léonhard*. Von der Kirche des 11. Jhs. ist nur noch das romanische Chorhaupt mit beachtenswerten Kapitellen erhalten. Die Skulpturen zeigen Szenen aus dem Leben Jesu. – 3 km westlich liegt

Tavant, 47 km, dessen Besuch wegen der Fresken in der Krypta der Kirche *St- Nicolas* lohnt. Die auf das 12. Jh. zurückgehenden *Fresken gehören zu den bedeutendsten Wandmalereien der Romanik. Auffallend die Reinheit der Darstellungen. Als Farben sind nur Ockergelb, Rot, Gelb, Grün und Schwarz verwendet worden. Ein durchgehendes ikonographisches Programm ist nicht erkennbar. Szenen aus dem Alten und Neuen Testament wechseln mit Darstellungen von Atlanten, der Tugenden und Laster.

Der Hauptanziehungspunkt von

Champigny-sur-Veude (850 Einw.), 71 km, ist die *Schloßkapelle* mit ihren zauberhaften Glasmalereien aus dem 16. Jh. Die *Sainte-Chapelle* (1508–1543), ein Kleinod der französischen Hochrenaissance, gehörte ursprünglich zu einem Schloß, dessen Zerstörung sie allein überdauerte. Themen der Glasmalereien, die den Innenraum farbig erglühen lassen, sind Szenen aus dem Leben Ludwigs des Heiligen und der Passion Christi.

An der Grenzlinie von Touraine und Poitou liegt

Richelieu (2600 Einw.), 77 km, das La Fontaine als das „schönste Dorf der

Welt" bezeichnete. Der Ort entstand ab 1631 auf Veranlassung des Kardinals Richelieu, der ihn in der Nähe seines sich im Bau befindenden Schlosses für seine Gefolgschaft errichten ließ. Der Architekt Jacques Le Mercier entwarf den Plan für ein großes, modernes Schloß, einen weitläufigen Park und die Stadt im rechten Winkel hierzu. Die Gesamtanlage der ummauerten, einst von Wassergräben umgebenen Ortschaft, ist ein seltenes Beispiel klassizistischen Städtebaus. Sie bildet ein Rechteck von 500 auf 700 m in dem die Straßen ein regelmäßiges Raster bilden. 1642, im Todesjahr Richelieus, war die Stadt vollendet. Dennoch löste sich der Hofstaat auf, die Anlage verödete.

Bei einem Bummel durch die *Grande Rue,* die den Ort von einem Ende bis zum andern durchquert, trifft man auf die beiden sehenswerten Stadttore, die Stadtpalais der Amtsträger *(Palais du Sénéchal,* Haus Nr. 17), die Kirche *Notre-Dame.* Im *Hôtel de Ville* bewahrt das Musée Richelieu Dokumente und Erinnerungsstücke, die in Beziehung zu dem Kardinal stehen, auf. Die Grande Rue endet am riesigen Schloßpark, den Kastanien- und Platanenalleen durchziehen. Hier lag das Schloß, ein prachtvoller und weitläufiger Bau, der das Aufsehen der Zeitgenossen erregte. Es wurde in der Revolution abgerissen, seine Kunstschätze verstreut. Von der gesamten Anlage entgingen nur die Kanäle, die Orangerie und der Weinkeller der Zerstörung.

Bei *La Haye Descartes* überquert man die Grenze zum Poitou und gelangt zum

Château du Grand Pressigny, 121 km. Schon in der Steinzeit bestand hier ein bedeutendes Siedlungszentrum, in dem Waffen und Werkzeuge hergestellt wurden. Funde sind im *Musée préhistorique,* das sich in der Galerie des Schlosses befindet, zusammengetragen.

Über *Ligueil* und *Ste-Maure* kehrt man nach *Tours,* 147 km, zurück.

3. DIE SCHLÖSSER DER WESTLICHEN TOURAINE (93 km)

Man verläßt Tours auf der N 152, die am Loire-Ufer in westlicher Richtung nach

Luynes (4000 Einw.), 12 km, verläuft. Die kleine Stadt mit mittelalterlichen Häusern und Markthallen wird von einem *Schloß* überragt. Dieses vermittelt mit seinen mächtigen Rundtürmen einen guten Eindruck mittelalterlicher Festungsbaukunst. Das Schloß ist nicht zugänglich. Etwa 1,5 km nördlich sind die Reste eines römischen *Aquädukts* erhalten, das zur Römerzeit ein Castrum in der Nähe des heutigen Orts mit Wasser versorgte.

Cinq-Mars-la-Pile, 20 km, erhielt seinen Namen von einem *gallo-römischen Baudenkmal,* das, auf quadratischem Grundriß, 30 m hoch den Ort beherrscht. Von dem mittelalterlichen *Schloß* blieben zwei Türme aus dem 11. und 12. Jh. sowie die imposanten Wassergräben erhalten.

***Langeais** (4200 Einw.), 25 km, besitzt eines der interessantesten Loire-Schlösser. Schon 990 stand hier eine Burg, von der nur der Burgfried erhalten ist. Er steht im Park des heutigen Schlosses, das Jean Bourré von 1465–1467 im Auftrag von König Louis XI erbaute. Das Schloß ist ein wehrhafter Bau, aus grauen Quadern errichtet. Hier wurde 1491 die Hochzeit zwischen Charles VIII und Anne de Bretagne gefeiert. Mit dem militärisch wirkenden Äußeren kontrastiert die festesfrohe Renaissance der *Innenräume,* die mit ihren Wandbehängen, Tapisserien und Kaminen einen guten Eindruck vom Schloßleben des 15. Jhs. vermitteln.

Vom Wehrgang, der die gesamte Außenfront umzieht, bietet sich ein schöner Blick auf die Dächer von Langeais. Gourmets sei in Bréhémont das ausgezeichnete Hotel-Restaurant *„Le Castel de Bray et Monts"* zu empfehlen (hinter der Loire-Brücke folgt man der D 16). – In Ile St-Martin zweigt die Straße nach

***Ussé,** 41 km, ab. Das *Schloß,* das Charles Perrault (1628–1703) als Schauplatz seines Märchens „La Belle au Bois dormant" (Dornröschen) vorgeschwebt haben soll, wurde von 1462–1535 erbaut. Nach außen hat es noch den Charakter einer mittelalterlichen Burg. Die Fassaden rings um den Ehrenhof und das Innere tragen die Züge der Renaissance. Nur die Fassade des Ostflügels ist noch im Flamboyantstil gehalten. Die im Park des Schlosses stehende *Kapelle* (1538) ist ein schöner Renaissance-Bau mit beachtenswerter Innenausstattung (Chorgestühl, eine Madonna von Luca della Robbia, Wandbehang mit Darstellung der Geschichte der Jeanne d'Arc).

****Azay-le-Rideau** (2800 Einw.), 56 km. Das *Schloß* begeistert zuerst durch seine Lage: auf einer Insel der Indre gelegen, von einem herrlichen Park und ausgedehnten Rasenflächen umgeben. Die von 1518–1529 dauernden Bauarbeiten wurden von einer Frau, Philippe Lesbahy, geleitet. Ihrem Schönheitssinn verdanken

Azay-le-Rideau

wir die Eleganz und Harmonie des Bauwerks: anmutige Ziertürme ersetzen die Wehrtürme, reichverzierte Lukarnen durchbrechen den Wehrgang, Teiche sind statt Wassergräben angelegt. Die Räume sind mit kostbaren Möbeln, Gemälden und Wandteppichen ausgeschmückt. Die Kirche *Saint-Symphorien* liegt auf dem Weg zum Schloß. Zwischen dem 11. und 16. Jh. errichtet, bewahrt sie in ihrer Westfassade noch Elemente des Vorgängerbaus: zwei übereinanderliegende Arkaden mit archaischen Statuen und ein Stück Mauerwerk in Rautenmuster.

🛈 Syndicat d'Initiative, 26, rue Gambetta, F-37190 Azay-le-Rideau.

⛺ am Ufer der Indre.

Man verläßt Azay in südlicher Richtung und gelangt über die D 57 nach *Villaines-les-Rochers,* 62 km. Ein Besuch des Orts lohnt für alle, die sich für Kunsthandwerk interessieren. Die Weidenflechtarbeit ist seit Jahrhunderten Existenzgrundlage der Bewohner. Aus dunklen und hellen Weidenzweigen werden Körbe und Dekorationsgegenstände geflochten. Die *‚Société Coopérative agricole de Vannerie'* in der Grande Rue vermittelt den Besuch in dem Atelier eines Korbflechters.– Für Balzac-Fans lohnt sich

Saché, 68 km. Das Château diente Balzac zwischen 1829 und 1848 als Aufenthaltsort. Seine Besuche in Saché fallen mit den erfolgreichsten Momenten seines schriftstellerischen Schaffens zusammen. Hier entstanden seine Romane „Vater Goriot" und „Die Lilie im Tal". Heute ist im Schloß ein *Balzac-Museum* eingerichtet. In seinem großen Salon werden die festlichen Empfänge lebendig, die M. de Margonne für seinen Gast veranstaltete. Hier spielte und las Balzac Szenen aus den Romanen vor, an denen er gerade arbeitete. In weiteren Räumen sind Originalausgaben seiner Werke, Briefe, Fotografien, Korrekturbogen und eine köstliche Sammlung von Karikaturen ausgestellt. Von seinem Arbeitszimmer aus hat man noch denselben Blick auf den Park mit seinen alten Eichen, die Balzac so liebte.

Über die D 8 und D 121 kehrt man an den Cher zurück und kommt nach

****Villandry** (680 Einw.), 78 km. Das *Schloß* von Villandry wird das „Schloß der Gärten im Garten Frankreichs" genannt. Die dreiflügelige Renaissanceanlage wurde um 1532 von Jean Le Breton auf den Fundamenten eines mittelalterlichen Baus, von dem nur der Burgfried (14. Jh.) erhalten blieb, errichtet. Die Gärten sind eine im 20. Jh. vorgenommene originalgetreue Wiederherstellung der französischen Gärten des 16. Jhs. Das Nützliche und das Schöne harmonisch miteinander verbindend, sind sie einzigartig in Europa. Dem Klima und der Lage angepaßt, sind sie in drei Terrassen angelegt, die durch Grünhecken getrennt sind: der Gemüsegarten auf der untersten Stufe, der Ziergarten mit seinen kunstvoll zurechtgeschnittenen Buchsbaumhecken und der Wassergarten mit dem 7000 m^2 großen Bassin.

Der beste Überblick über die Gesamtanlage bietet sich von der kleinen Terrasse hinter dem Schloß. Ganz oben der Wassergarten, der Flußwasser für die Bewässerung auffängt, darunter der Ziergarten und der Gemüsegarten auf der untersten Ebene.

Im Ziergarten fassen gestutzte Buchsbaumhecken die Blumenbeete ein. Ihre geometrischen Figuren symbolisieren die verschiedenen Arten der Liebe: Herzen und Flammen die zärtliche Liebe; Schwerter und Dolche die tragische Liebe; Fächer die Liebelei. Ein Labyrinth gebrochener Herzen steht für die Vernarrtheit. Im Nutzgarten werden heute noch dieselben Obstbäume, Gemüsearten, Früchte, Gewürze angebaut wie im 16. Jh. Noch immer fehlt die Kartoffel!

Die Rückfahrt geht über *Savonnières.* Am Ortseingang liegen Tropfsteinhöhlen, deren Gänge – übersät mit Tausenden von Stalaktiten – sich über 1 km tief in den Berg hineinziehen.

Von dort aus kehrt man direkt nach **Tours,** 93 km, zurück.

Rundfahrten ab Saumur

1. **FONTEVRAUD-L'ABBAYE-*CHINON-BOURGUEIL (79 km)

Auf der D 947, entlang der Loire, gelangt man nach

Montsoreau (500 Einw.), 11 km, dem Schauplatz des Romans ‚La Dame de Montsoreau' von Alexandre Dumas. Als erster baute Foulques Nerra, bekannt als der Burgenbauer des Anjou, hier eine Festung. Sehr behutsam ließ dann der Großvater der Diane de Poitiers die gotische Anlage in ein *Wohnschloß* im Stil der Renaissance umgestalten. Sichtbar wird dies vor allem in der Kirche. Im 19. Jh. kaufte der polnische Graf Branicki das von Revolutionstruppen stark zerstörte Schloß und veranlaßte die Restaurierung. Seit dem Ende des Zweiten Weltkriegs ist die Anlage im Besitz des französischen Staats, der es erneut völlig restaurieren ließ. Die zur Loire hingewandte Fassade hat wehrhaften Charakter. Die Südfassade ist mit zwei achteckigen Treppentürmen geschmückt, von denen der rechte (um 1520; mit Ehrentreppe) beachtenswerte Renaissancereliefs aufweist. Im Schloß ist das *Musée des Goums marocains* eingerichtet, das Erinnerungsstücke an die Eroberung Marokkos durch Frankreich enthält.

Am Zusammenfluß von *Loire* und *Vienne* liegt der hübsche Ort

Candes St-Martin (270 Einw.), 13 km. Die Kirche *St-Martin* liegt angeblich an der Stelle der Klause, in der der hl. Martin von Tours 397 starb. Der Bau entstand im 12. und 13. Jh. und wurde im 15. Jh. befestigt. So erscheint die Wallfahrtskirche mit Zinnen und Pechnasen an der Westfront wie eine Festung. In starkem Gegensatz dazu steht die reiche Ausschmükkung des Inneren und der Vorhalle. Das Rippengewölbe der Vorhalle wird von einer dünnen Mittelsäule getragen. Gewände, die Sockel und das Tympanon sind mit Skulpturen verziert. Das Deckengewölbe des Langhauses ruht auf schlanken Säulen, die die Eleganz des Raumeindrucks verstärken. Ein Glasfenster der Martinskapelle an der Nordseite des Chors stellt die Überführung des toten Heiligen auf einem Loire-Schiff dar.

Rechts von der Kirche zweigt ein Weg zur Hügelkuppe ab, von der aus sich ein weiter Blick auf den Zusammenfluß von Loire und Vienne öffnet (ca. ¼ Std.).

****Fontevraud-l'Abbaye,** 20 km, ist eine der wichtigsten Sehenswürdigkeiten des Anjou. Die „königliche Abtei" war über

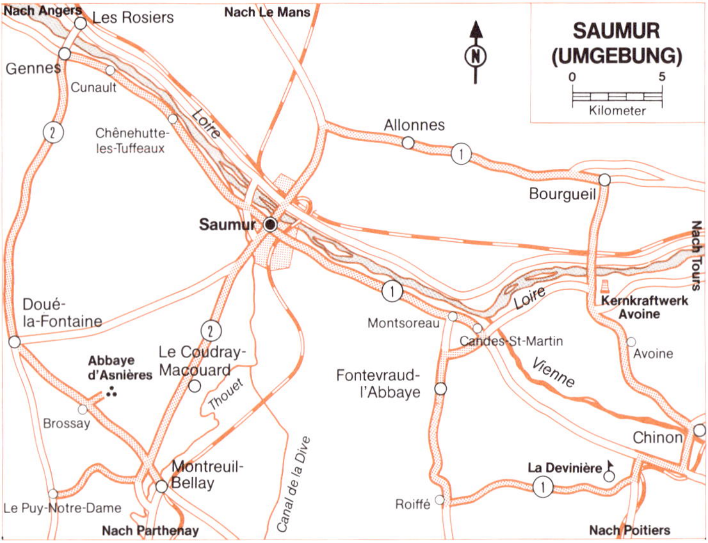

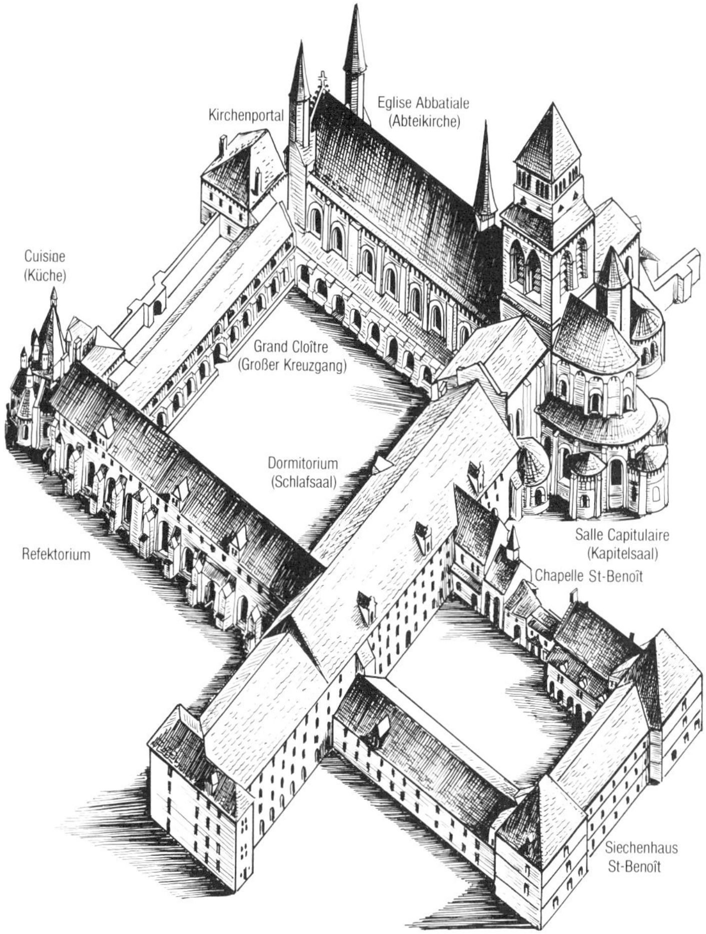

Jahrhunderte eine der berühmtesten des Königreichs; im 15. Jh. wurde sie „Königin der Abteien" genannt. Dank ihrer Vollständigkeit ist sie auch heute noch einer der umfangreichsten Klosterkomplexe Frankreichs.

Die Geschichte der Abtei beginnt 1099, als der Einsiedler und Wanderprediger Robert d'Arbrissel im Anjou für die Kreuzzüge warb. Seine überzeugende Beredsamkeit und seine persönliche Ausstrahlung zogen Hunderte von Männern und Frauen an, die sich dem Klosterleben weihen wollten. Er führte sie in den Wald von Fontevraud, wo die junge Gemeinde nach der Art der Urkirche lebte. Die Gegenwart der vielen Frauen – darunter auch Dirnen – ließ eine besondere Organisationsform des Klosterlebens notwendig werden. So entstand das Haupthaus, der Maria geweihte Frauenkonvent, und die Gemeinschaft der Mönche unter dem Schutz des hl. Johannes. Daneben richtete Robert d'Arbrissel zwei weitere Klostergemeinschaften ein: St-Lazarus für die Leprosen und St-Magdalena für gefallene Frauen. Aussätzige und Büßerinnen galten übrigens immer als vollwertige Mitglieder der Gemeinschaft.

Die Großzügigkeit der benachbarten

Grundherren, namentlich der Grafen von Anjou, ermöglichten den Bau des Klosters. Als spätere Könige von England bestimmten sie die Abtei zu ihrer Grablege.

Die besondere Eigenart von Fontevraud ist, daß ihr Gründer die Leitung des Gesamtklosters in die Hände einer Frau, der Äbtissin des Frauenkonvents, legte. Alle 36 Äbtissinnen, die nacheinander dem Konvent vorstanden, waren von adeliger Geburt, vierzehn von ihnen Prinzessinnen. Auch die Nonnen stammten meist aus der Schicht des Adels. Beim Ausbruch der Revolution war Fontevraud das reichste Frauenkloster Frankreichs, das unter den Wirren der Ereignisse daher besonders zu leiden hatte. Die Abtei wurde verwüstet, die Gemeinschaften wurden aufgelöst, einige Nonnen starben unter der Guillotine. 1804 richtete Napoleon hier ein Gefängnis ein, das bis 1963 bestand. Seitdem wird die Anlage gründlich restauriert.

Man betritt die Abtei durch die *Cour d'honneur* (Ehrenhof), an deren rechter Seite ein Pavillon, der *Palast der Äbtissin,* aus dem 18. Jh. liegt.

Die *Abteikirche* (1104–1150) hat nach umfänglichen Restaurierungsarbeiten ihre ursprüngliche Reinheit wiedergewonnen und gehört zu den schönsten romanischen Bauten des Anjou. Ihr Gewölbe besteht aus vier großen Kuppeln. Die Bauweise hat ihr Vorbild in der Kathedrale von Angoulême. Im rechten Querschiff befindet sich die Grablege von Mitgliedern des englischen Königshauses Plantagenet (Eleonore von Aquitanien, Heinrich II., Richard Löwenherz, Isabella von Angoulême).

Neben der Abteikirche befindet sich der *Kreuzgang*. Die vier Flügel wurden im 16. Jh. neu erbaut.

Die Wandmalereien des *Kapitelsaals* (um 1570) zeigen Stationen der Leidensgeschichte, den Tod und die Himmelfahrt Marias.

An den großen Kreuzgang schließt sich nach Osten das Kloster *St-Benoît* an, das Spital der alten und kranken Nonnen. Um den Hof führt ein Kreuzgang (17. Jh.).

Einen ganzen Flügel des großen Kreuzgangs (45 m lang, 10 m breit) nimmt das *Refektorium* ein (Anfang 16. Jh.).

Das berühmteste Bauwerk der Abtei ist die romanische *Klosterküche,* die einzige dieser Art überhaupt. Das Gebäude, zwischen 1144 und 1189 errichtet, besteht aus einem achteckigen Turm. Seine Seiten werden durch halbkreisförmige Apsiden gebildet, die die Kaminausgänge tragen. Heute geben die Räume der Abtei den Rahmen für Konferenzen, Kongresse, Ausstellungen und Konzerte.

Fontevraud, Klosterküche

ℹ „Centre Culturel de l'Ouest", F-49 590 Abbaye de Fontevraud.

In *Roiffé* zweigt die D 117 ab, die entlang dem *Bois de Couziers* zum Landhaus

La Devinière (30 km) führt. Hier verlebte Rabelais (1494–1553) seine Jugendzeit. Das *Musée Rabelais,* das in den Räumen des Herrenhauses eingerichtet ist, erinnert mit Handschriften und Drucken an den großen Dichter und Gelehrten der Renaissance. Sein Roman ‚Gargantua und Pantagruel' vermittelt noch heute etwas vom Lebensgefühl der Menschen dieser Gegend. Nächste Station ist

****Chinon** (8900 Einw.), 38 km, ein altertümliches Städtchen, das wegen seiner Geschichte, seiner Bauwerke und seines Weins berühmt ist. Der Chinon wird gelegentlich ‚Beaujolais der Loire' genannt; es ist ein frischer, fruchtiger, süffiger Wein, den man auf jeden Fall vor Ort probieren sollte.

Chinon gehört zu den gut erhaltenen mittelalterlichen Kleinstädten Frankreichs. Unterhalb der mächtigen Festungsruinen auf dem Bergrücken liegen dicht aneinandergedrängt reizvolle Gassen und Häuser. Hier sollte man auch mit dem Rundgang beginnen. Mittelpunkt ist der *Grand-Carroi* (Wegkreuzung), wo die Rue Haute-St-Maurice in die Rue Voltaire übergeht. Die Häuser mit ihren Fachwerk- und Backsteinfassaden vermitteln ein lebendiges Bild vom mittelalterlichen Leben.

Im alten Stadtkern liegt auch die *Maison des Etats Généraux*. In dem schönen Patrizierhaus ist heute ein Museum untergebracht. Die volkstümliche Sammlung zeigt auch Erinnerungsstücke an Jeanne d'Arc. Der Legende nach soll in diesem Haus Richard Löwenherz 1199 gestorben sein.

Die Geschichte der Stadt ist eng mit dem Leben der Jungfrau von Orléans verbunden, denn von Chinon aus begann ihr Feldzug gegen die Engländer. Die schmale, steile *Rue Jeanne d'Arc* führt auf den Bergsporn hoch über der Vienne, wo das *Château* von rund 400 m Länge und im Durchschnitt 70 m Breite steht.

ℹ Office de Tourisme, 12, rue Voltaire, F-37500 Chinon.

Die D 749 verläuft an dem *Kernkraftwerk Avoine* an der Loire vorbei. Es versorgt Chinon und Umgebung seit 1963 mit Atomstrom. – Das Städtchen

Bourgueil (3600 Einw.), 57 km, ist vor allem wegen seines edlen Rotweins bekannt, der aus der Cabernet-Rebe gekeltert wird. Schon Rabelais schätzte ihn. Die *Cave de la Dive Bouteille*, 2 km nördlich, bietet Weinproben an.

Von der einst wichtigen Abtei haben nur wenige Reste den Untergang überlebt (Besichtigung zweier Gebäude aus dem 16. und 18. Jh.). – Von dort kehrt man nach **Saumur** zurück.

2. MONTREUIL-BELLAY-CUNAULT (80 km)

Die Rundfahrt führt zunächst in den Süden von Saumur nach

Montreuil-Bellay (4200 Einw.), 16 km. Das kleine Städtchen, das Reste seiner Befestigung aus dem 15. Jh. erhalten hat, liegt am Hang über dem Thouet. Das *Schloß* gilt als ein gutes Beispiel für die Umwandlung einer mittelalterlichen Festung in eine elegante Residenz. Die mächtigen Mauergürtel zeugen davon, daß Montreuil einst zu den außerordentlich gut befestigten Burgen des Anjou gehörte. Die Anlage setzt sich aus verschiedenen Gebäuden zusammen: der stark befestigte Eingangsbau (Châtelet) aus dem 13./14. Jh., das Kleine Schloß (Petit Château) aus dem 15. Jh., das in einem Flügel die *Küche* mit einem zentralen Rauchfang nach dem Vorbild von Fontevraud aufweist, und der ebenfalls prachtvolle Bau des Neuen Schlosses (Château Neuf, 15. Jh.). Sehenswert sind im letztgenannten einige Säle und die *Betkapelle* mit Fresken aus der Gründungszeit. Bemerkenswert auch die große Treppe im linken Turm, die die Besitzer einst zu Pferde hinaufritten.

*

Von Montreuil-Bellay aus lohnt sich ein Abstecher zur Wallfahrtskirche

Le Puy-Notre-Dame (7 km südwestlich). In der Kirche des 13. Jhs. wird ein Gürtel der Mutter Gottes aufbewahrt, der aus Jerusalem hierhergebracht wurde. Das Gewölbe der Hallenkirche ist ein schönes Beispiel für den Anjou-Stil. In einer Nische des Glockenturms steht eine Statue der Madonna mit Kind (16. Jh.).

*

Die ehemalige Abtei

Ancienne Abbaye d'Asnières, 38 km, ist von Montreuil aus über die D 761 zu erreichen. Von dem einst bedeutenden Kloster (12./13. Jh.) stehen nur noch Ruinen. Der erhaltene *Chor* und das *Querschiff* gehören aber neben der Kirche St-Serge in Angers zu den hervorragendsten Beispielen angevinischer Gotik.

Doué-la-Fontaine (6800 Einw.), 46 km, gilt als „die Hauptstadt der Rose": Rosenkulturen und Apfelplantagen für die Herstellung des Cidre bestimmen das Bild. Das Städtchen liegt auf Kalkfelsen, die von zahlreichen Gängen durchzogen sind. Zum Ortsteil *Douces* gehören die sogenannten *Arènes,* Kalksteinbrüche, in denen bereits im 15. Jh. Terrassen angelegt wurden, so daß sie heute als großes Freilichttheater dienen können (Theater- und Musikveranstaltungen; Mitte Juli die Journées de la Rose). Unter den Terrassen liegen weite Räume, die lange Zeit bewohnt wurden und zeitweilig als Gefängnisse gedient haben, zu allen Zeiten aber Stätten der Zuflucht waren.

Über *Gennes* kehrt man an die Loire zurück nach

Cunault, 66 km, dessen Kirche *Notre-Dame* zu den schönsten romanischen Bauten des Loire-Tals gehört.

Saumur, 80 km.

Rundfahrten ab Angers

1. BRISSAC-SERRANT-CORNICHE ANGEVINE (98 km)

Über *Les Ponts-de-Cé* (5 km) verläßt man Angers in südlicher Richtung. Vier Brükken überspannen den Canal de l'Authion und die drei Arme der Loire.

Brissac-Quincé (59 m; 1700 Einw.), 16 km. Das sehr eindrucksvolle *Château de Brissac* 1606–1621), noch heute von den Nachfahren des Erbauers bewohnt, besteht aus einem Ost- und einem Nordflügel. Die Außenfassade des Ostflügels (Renaissance und Stil Louis XIII) wird von zwei Rundtürmen flankiert, die von der Burg des 15. Jhs. erhalten blieben. Der Nordflügel ist im Stil Louis XIII erbaut. Das Innere weist eine ungewöhnlich prachtvolle Ausstattung auf.

Brissac ist das Zentrum eines der bekanntesten Anbaugebiete für Rosé- und Weißweine des Anjou. Dem Rundgang durch das Schloß sollte deshalb eine Weinprobe folgen.

Über *Thouarcé* und *Saint-Lambert-du-Lattay* kommt man nach *St-Laurent-de-la-Plaine*, 47 km, von wo aus sich ein kleiner Abstecher zur Kapelle von

La Bourgonnière lohnt, die zum Schloß aus dem 19. Jh. gehört. Die reizvolle *Chapelle St-Saveur*, zwischen 1508 und 1523 erbaut, stand unter der Leitung der Antoniter, die hier Kranke vom „Antoniusfeuer" (einer ansteckenden Seuche) heilten. Hierzu erflehten sie den Beistand ihres Schutzpatrons, des hl. Antonius.

Sehenswert sind der Türsturz des Portals, der mit Laubwerk und Füllhörnern verziert ist. Auf den hölzernen Flügeln des Eingangs taucht das Antoniuskreuz auf. Das Langhaus schmückt ein reichverziertes Sternengewölbe. – In

Chalonnes-sur-Loire, 60 km, überquert die Straße den mehrarmigen Fluß und erreicht das östlich von *Saint-Georges-sur-Loire* gelegene

Château de Serrant, 68 km. Die Pläne für den Bau des Schlosses gehen auf Philibert Delorme, Bauherr der Tuilerien und von Fontainebleau zurück. Ein anderer berühmter Architekt hat ebenfalls hier gearbeitet: Mansart, der Erbauer von Versailles, schuf die Kapelle des Schlosses. Trotz der langen Bauzeit (1546–1705) bietet die dreiflügelige Anlage einen äußerst harmonischen Eindruck. Die *Innenräume* sind prachtvoll ausgestattet; die Bibliothek umfaßt 20 000 Bände. Im rechten *Seitenflügel* befindet sich die Kapelle aus dem Anfang des 18. Jhs., in der das Marmorgrabmal (von A. Coysevox) an den Marquis de Vauban erinnert. Seine Witwe bestellte das Grabmal 1677 bei dem bedeutendsten Bildhauer am Hof des „Sonnenkönigs". Der Marquis ruht auf dem Sarkophag in der Pose des siegreichen Feldherrn.

Man kehrt nach Chalonnes zurück, 68 km, wo die landschaftlich sehr schöne *Corniche Angevine* beginnt. Die Straße endet in *Rochefort-sur-Loire*, 78 km, von wo ein Abstecher zur Insel

Béhuard empfehlenswert ist. Im alten Inseldorf findet man noch Häuser aus dem 15. und 16. Jh.; die *Kirche* ist zum Teil in den Felsen gehauen. Außer dem reichen Kirchenschatz ist die Decke des Langhauses, in der Form eines umgekehrten Schiffsrumpfs, sehenswert. Im Chor steht das Gnadenbild der einst wundertätigen ‚Vierge de Béhuard' (16. Jh.). Jahrhundertelang war der Ort Ziel von Marienwallfahrten.

Über *Savennières*, ebenfalls eines der renommiertesten Weißweinanbaugebiete des Anjou („Savennières", „Roche-aux-Moines") kommt man über *Bouchemaine* (Zusammenfluß von Maine und Loire) zurück nach

Angers, 98 km.

2. MONTGEOFFROY – LE - PLESSIS-BOURRE (94 km)

Man verläßt Angers in östlicher Richtung. Auf der ca. 8 km langen Strecke bis *Trélazé* erstrecken sich zur Linken Schieferbrüche, die seit dem 16. Jh. abgebaut werden.

Im Tal der Loire fährt man auf Nebenstraßen weiter nach *La Ménitré*, 24 km. Dort findet am letzten Sonntag im Juli die ‚Assemblée des Coiffes d'Anjou', ein großes Festival der Folkloregruppen der Region, statt.

Château de Montgeoffroy, 36 km, liegt 2 km nördlich von *Mazé*. Von 1773 bis 1775 erbaut, blieb das Schloß ständig in Familienbesitz. Diesem Umstand verdanken wir es, daß Montgeoffroy die ursprüngliche Lebensatmosphäre eines Landschlosses vor Beginn der Französischen Revolution bewahrt hat.

In den für den Besucher zugänglichen Räumen hat das Mobiliar seinen alten Platz behalten.

Der Besuch des Schlosses endet in der *Kapelle*, in der ein Glasfenster aus dem 16. Jh. erhalten ist. Im *Stallgebäude* sind Kutschen und Reisewagen ausgestellt.

Der D 74 folgend kommt man über *Tiercé* zum Schloß von

Plessis Bourré. Es liegt südlich von *Ecuillé*, 72 km. Im 15. Jh. von Jean Bourré, dem Schatzmeister des Königs Louis XI, errichtet, bietet das Gebäude aufgrund seiner kurzen Bauzeit ein absolut homogenes Bild. Der Erbauer legte – obwohl er eine mittelalterliche Festung errichten ließ – ungewöhnlichen Wert auf Komfort. Auf den ersten Blick wirkt die trutzige Vierflügelanlage mit ihren runden Ecktürmen, umgeben von einem Wassergraben, sehr wehrhaft. Eine 43 m lange Steinbrücke verbindet das Schloß mit den Wirtschaftsgebäuden. Der Eingangsbau ist durch Pechnasen und Zugbrücken gesichert. Im Innern ziert die *Salle des Gardes* eine einzigartige Holzdecke in Grisaillemalerei. Sie ist mit allegorischen Figuren ausgemalt, die zu deuten Zeitvertreib der Gäste des Schlosses war. Einige Bildfelder spielen auf moralisierende Verse an (die Keuschheit als Einhorn), die anderen haben vor allem humoristische Darstellungen zum Thema. Hier symbolisieren Tiere menschliche Schwächen (die Frau, die einer Gans den Bürzel zunäht).

Über *Canthenay-Epinard* (⛺ am Ufer der Mayenne) endet die Rundfahrt in

Angers, 94 km.

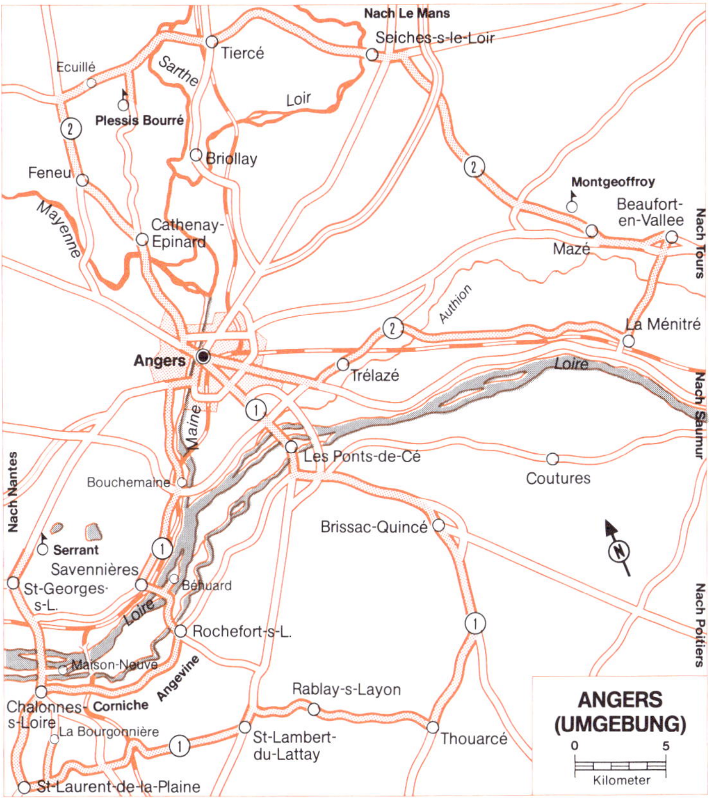

Rundfahrten ab Nantes

1. AN SEVRE UND LOIRE (113 km)

Man verläßt Nantes auf der N 149 in südöstlicher Richtung und erreicht über *Haute-Goulaine* (10 km) das

Château Goulaine (4 km je Weg). Das Schloß ist ein ansehnlicher Bau aus dem 15. und 17. Jh. Reste eines Vorgängerbaus aus dem 10. und 12. Jh. sind gut erhalten. Die Anlage ist noch heute im Besitz der Familie de Goulaine, die seit dem 12. Jh. als Besitzerin nachweisbar ist. Das Schloß liegt in einer Sumpflandschaft inmitten von Seerosenteichen.

Im kleinen Ort *Le Pallet,* 24 km, lohnt ein Stopp, um in dem ‚Caveau de dégustations' den hervorragenden Muscadet de Sèvre et Moine zu probieren. Hier kann man auch Boote mieten, um auf dem Sèvre gemächlich nach Nantes zu fahren.

In der idyllisch an Sèvre und Moine gelegenen Kleinstadt *Clisson* (28 km) stehen die Ruinen eines mächtigen Schlosses aus dem 14. Jh., das 1793 niedergebrannt wurde. Auffallend sind die vielen alten Brücken, die die Flußarme überspannen. Von dort aus folgt man der D 763 bis *St-Laurent* und dann der D 17 zurück an die Loire nach

Champtoceaux (70 m; 1300 Einw.), 65 km. Von der *Promenade de Champalud* hat man einen einzigartigen Blick über das Loire-Tal von *Saint-Florent-le-Vieil* bis *Nantes* (eine Orientierungstafel ist angebracht).

In *Liré,* 74 km, steht in einem schönen Park das moderne Schloß de la Turmelière an der Stelle des alten Schlosses, das das Geburtshaus des Dichters Joachim du Bellay war. Im Ort selbst ist zur Erinnerung an den Dichter ein kleines Museum eingerichtet worden.

Ancenis (13 m; 7300 Einw.), 77 km, ist ein hübsches Städtchen mit vielen alten Häusern (besonders an den Straßen des Tonneliers, du Château, Basse Grande-Rue und an der Place des Halles). Das am *Quai de la Marine* gelegene *Château* (vorwiegend 17. Jh.) dient heute als Schule und kann nicht besichtigt werden. – In

Oudon, 86 km, genießt man von der *Tour d'Oudon* (ehemaliger Wachtturm aus dem 14. Jh.) einen herrlichen Blick auf die Loire, ihre Inseln und Strände.

Parallel zum Fluß verläuft die Straße zurück nach – **Nantes,** 113 km.

2. NÖRDLICHE VENDEE UND JADE-KÜSTE (241 km)

Im Mittelpunkt dieser Rundfahrt steht

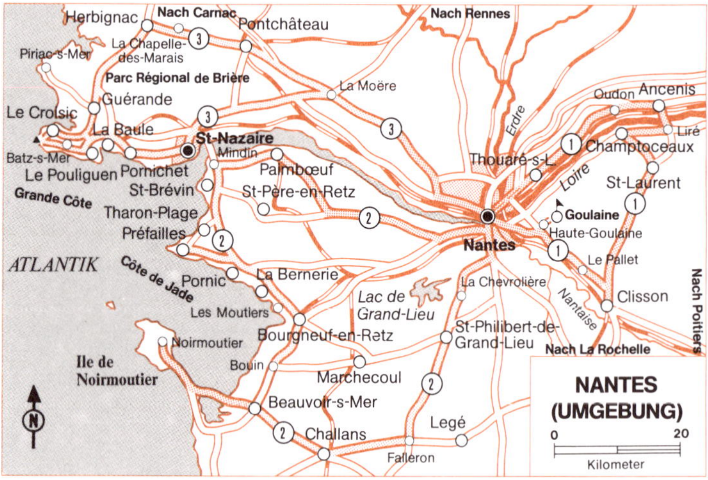

das Naturerlebnis. Die Tour verläuft durch das Sumpfgebiet rund um den *Lac de Grand Lieu* südwestlich von Nantes bis hin zur Jade-Küste.

Eine Zufahrt zum See gibt es von *La Chevrolière* (17 km von dort), von wo man auch

Saint-Philbert-de-Grand-Lieu (13 m; 3700 Einw.), 24 km, erreichen kann. Die ehemalige *Abteikirche* wurde in karolingischer Zeit (9.–11. Jh.) gebaut. In der Krypta ist der Marmorsarkophag des hl. Philibert, der jetzt in der Kirche Saint-Philbert in Tournus (Burgund) beigesetzt ist, zu sehen.

Unmittelbar vor *Falleron*, 43 km, überschreitet man die Grenze zwischen den Departements Loire-Atlantique und Vendée und fährt über *Challans* nach

Beauvoir-sur-Mer (7 m; 3000 Einw.), 94 km. Der Ort geht auf ein im 7. Jh. von dem hl. Philibert gegründetes Kloster zurück. Die Kirche *Saint-Philbert* ist zum Teil (besonders der Chor) romanisch, zum Teil gotisch (15. Jh.). Im Osten und Norden des Orts liegen Badebuchten und Zeltplätze.

Man fährt zurück bis *Beauvoir-sur-Mer* und dann über *Bouin*, das früher eine Insel war, und *Bourgneuf-en-Retz* an die atlantische Jade-Küste

Côte de Jade, die etwa bei Les Moutiers (138 km) beginnt. Zu den wichtigsten Badeorten gehören: *Les Moutiers, La Bernerie, Pornic,* mit seinem alten Hafen, *Préfailles, Tharon-Plage, Saint-Brévin-l'Océan* und *Saint-Brévin-les-Pins*. Zahlreiche Campingplätze.

Von *Mindin*, 181 km, kann man auf der neuen Loire-Brücke (Gebühr) nach *Saint-Nazaire* hinüberfahren. Der direkte Weg zurück nach

Nantes, 241 km, führt über *Paimbœuf*.

3. PAYS NANTAIS NÖRDLICH DER LOIRE (205 km)

Diese Strecke führt zu einem der bedeutendsten Atlantikhäfen und zu den berühmten Badeorten der *Grande Côte*. Über La Moëre (N 165) kommt man nach

St-Nazaire (70 000 Einw.), 61 km. Die Stadt, die 1945 zu 90 Prozent zerstört wurde, bietet keine großen Sehenswürdigkeiten. Als wichtige Hafen- und Werftstadt lebt sie von ihrem Hafen. Ihn und die Stadt überblickt man am besten von der zwischen den Hafenanlagen gelegenen *Terrasse panoramique*. Hafenrundfahrten und -besichtigungen werden vom Syndicat d'Initiative, Place François-Blancho, angeboten.

Ab *Saint-Nazaire* benutzt man die Küstenstraße. Die Küste mit ihrem 8 km langen Sandstrand und vielen Zeltplätzen wird Côte d'Amour genannt. An ihr liegen die berühmten Badeorte *Pornichet, La Baule* und *Le Pouliguen*.

Ihre große Zeit erlebten diese Orte vor allem im 19. Jh., als La Baule als „der schönste Strand Europas" galt. Aus dieser Zeit stammen die alten Luxushotels und die vielen Privatvillen, wie auch das Kasino, das 1908 eröffnet wurde.

ℹ Office de Tourisme, 8, place Victoire, F-44500 La Baule.

Der nächste bedeutende Badeort der Grande Côte ist

Le Croisic (4300 Einw.), 103 km, das man nach einer Rundfahrt um die Halbinsel mit der *Pointe du Croisic* erreicht. Neben dem Hafen ist das im *Hôtel de Ville* (Rathaus, ehemaliges Schloß aus dem 17. Jh.) eingerichtete *Schiffahrtsmuseum* besuchenswert. Die Kirche *Notre-Dame-de-Pitié* (schöne alte Holzfiguren) wurde von 1494 bis 1507 erbaut.

Östlich von *Batz-sur-Mer* (Kirche Saint-Guénolé, 15./16. Jh., mit schönem Chorgestühl; Ruine der *Kapelle* Notre-Dame-du-Mûrier, 15./16. Jh.; beliebtes Seebad und reizvoller Fischerhafen) fährt man auf der D 774 quer durch alte Salzgärten nach

Guérande (52 m; 8000 Einw.), 113 km. Das Städtchen ist von einer mittelalterlichen Mauer mit Türmen und Toren umgeben. In dem Festungswerk der *Porte Saint-Michel* befindet sich ein Museum. In der ehemaligen Stiftskirche *Saint-Aubin* (12./14. Jh.) sind romanische Kapitelle zu sehen.

Über *Herbignac* kommt man nach *La Chapelle-des-Marais*, 136 km. Von hier aus fährt man durch das 150 km² große Torfmoor und Landschaftsschutzgebiet **Grande Brière*. In dieser eigenartigen Landschaft, die von einer Unmenge von Kanälen durchzogen wird, liegen die Dörfer wie Inseln. Vor allem Naturfreunden und Vogelkundlern ist eine Fahrt mit einem gemieteten Boot einschließlich Fährmann zu empfehlen.

Nantes, 205 km.

Register